高等教育政策与管理研究丛书

主编：陈学飞　副主编：李春萍

三　编
第 **4** 册

学者的养成：中美博士生学术品性比较研究

刘　帆　著

花木兰文化事业有限公司

国家图书馆出版品预行编目资料

学者的养成：中美博士生学术品性比较研究／刘帆 著 -- 初版
-- 花木兰文化事业有限公司，2019〔民108〕
目 2+198 面；19×26 公分
（高等教育政策与管理研究丛书 三编 第 4 册）
ISBN 978-986-485-827-9（精装）
1. 高等教育 2. 比较研究 3. 中国 4. 美国
526.08 108011555

ISBN-978-986-485-827-9

9 789864 858279

高等教育政策与管理研究丛书
三编 第四册 ISBN：978-986-485-827-9

学者的养成：中美博士生学术品性比较研究

作 者 刘帆
主 编 陈学飞
副 主 编 李春萍
总 编 辑 杜洁祥
副总编辑 杨嘉乐
编 辑 许郁翎、王筑、张雅淋 美术编辑 陈逸婷
出 版 花木兰文化事业有限公司
发 行 人 高小娟
联络地址 台湾 235 新北市中和区中安街七二号十三楼
电话：02-2923-1455／传真：02-2923-1452
网 址 http://www.huamulan.tw 信箱 hml 810518@gmail.com
印 刷 普罗文化出版广告事业
初 版 2019 年 9 月
全书字数 172473 字
定 价 三编 6 册（精装）台币 12,000 元

学者的养成：中美博士生学术品性比较研究

刘　帆　著

作者简介

刘帆，首都师范大学教育学院国际与比较教育研究所讲师，主要研究方向：研究生教育、教师教育、科学教育。曾获 2013 年学位与研究生教育年会优秀博士论文奖，2017 年首都师范大学优秀班主任称号等。

提　　要

学术型博士生（Ph.D.）教育是学者养成的重要阶段，学术品性是学者知识、能力、态度的综合体现。本书基于对中美 24 位博士生学术经历的访谈，对中美博士生学术品性的差异进行了描述分析，区分了生存型、成就型和超越型学术品性，以杜威教育思想解读学术品性的存在形态与养成机制，并就如何创设理想学术品性养成的支持性环境介绍了若干案例。

序　言

　　这是一套比较特殊的丛书，主要选择在高等教育领域年轻作者的著作。这不仅是因为青年是我们的未来，也是因为未来的大师可能会从他们之中生成。丛书的主题所以确定为高等教育政策与管理，是因为政策与管理对高等教育的正向或负向发展具有重要、甚至是决定性的意义。公共政策是执政党、政府系统有目的的产出，是对教育领域社会价值的权威性分配。中国不仅是高等教育大国，更是独特的教育政策大国和强国，执政党和政府年复一年，持续不断的以条列、规章、通知、意见、讲话、决议等等形式来规范高等院校的行为。高等教育管理很大程度上则是政治系统产出政策的执行。包括宏观的管理系统，如党的教育工作委员会及各级政府的教育行政部门；微观管理系统，如高等学校内部的各党政管理机构及其作为。

　　这些政策和管理行为，不仅影响到公众对高等教育的权利和选择，影响到教师、学生的表现和前途，以及学科、学校的发展变化，从长远来看，还关乎国家和民族的兴盛或衰败。

　　尽管高等教育政策和管理现象自从有了大学即已产生，但将其作为对象的学术研究却到 19 世纪和 20 世纪中叶才在美国率先出现。中国的现代大学产生于 19 世纪后半叶，但对高等教育政策和管理的研究迟至 20 世纪 80 年代才发端。虽然近些年学术研究已有不少进展，但研究队伍还狭小分散，应然性研究、解释性研究较多，真实的高等教育政策和管理状况的研究偏少，理论也大多搬用国外的著述。恰如美国学者柯伯斯在回顾美国教育政策研究的状况时所言：“问题是与政策相关的基础研究太少。最为主要的是对教育政策进行更多的基础研究……如果不深化我们对政策过程的认识，提高和改进教育效果是无捷径可走的。仅仅对政策过程的认识程度不深这一弱点，就使我们远远缺乏那种可以对新政策一些变化做出英明预见的能力，缺乏那种自信地对某个建议付诸实施将会有何种成果做出预料的能力，缺乏对政策过程进行及时调整修正的能力"。（斯图亚特.S.纳格尔.政策研究百科全书，北京：科学技术文献出版社，1990:458）这里所言的基础研究，主要是指对于高等教育政策和管理实然状态的研究，探究其发生、发展、变化的过程、结果、原因、机理等等。

编辑本丛书的一个期望就是，凡是入选的著作，都能够在探索高等教育政策和管理的事实真相方面有新的发现，在探究方法方面较为严格规范，在理论分析和建构方面在前人的基础上有所创新。尽管这些著作大都聚焦于政策和管理过程中的某个问题，研究的结果可能只具有"局部"的、"片面"的深刻性，但只要方向正确，持续努力，总可以"积跬步以至千里,积小流以成江海"，逐步建构、丰富本领域的科学理论，为认识、理解、改善政策和管理过程提供有价值的视角和工具，成为相关领域学者、政策制定者、教育管理人员的良师和益友。

主编　陈学飞

目次

第1章 引 论

1.1 博士生教育与学者养成对当代中国的意义

大学被称为现代社会的"轴心机构",而优秀学者则是大学最重要的资源,博士生教育是培养学者最重要的渠道。尽管我国近年来掀起了学术人才海外引进的大潮,这种人才流动今后仍将扩大,但我国的学术研究和科学发展不可能仅靠引进人才来满足需求。更何况,中国要成为具有持续创新力的国家,必须立足本土实现高层次人才的自主培养。因此,在本国研究型大学培养出优秀博士毕业生就具有重要意义。

在美国,当前博士生教育研究的热点主要是博士生就业去向多元化,以及由此带来的培养目标和培养方式改革。所谓多元化,针对原来的一元化——仅培养学术型人才;所谓培养方式改革,是改革以原创性学术成果为核心的学科体系下的博士论文训练模式。由于美国高等教育系统高度分化的特征,博士生并不是一个同质的群体。美国学者甘博特(Gumport,2001)考察了在美国顶尖大学和排名约前 100 位的大学里物理和历史两个专业博士生教育的差别后发现,由于博士生资助水平和学术文化的不同,精英型的博士生项目在培养"研究型学者",而一般的博士生项目则是在培养"学院和中学教师"。因此,博士生教育的性质、目标、功能与其说是"变化",不如说是"分化"来得准确。如果持"分化"说,那么意味着传统的学术型人才培养并非失去了时代意义,而是由整体中的部分来担当了。

在中国，博士生教育质量是研究热点，包括对质量的内涵界定、评价方法、质量保障机制的建立等。我们对质量问题的感受主要在学术水准上，而非适应能力上。研究者指出，"在美国、德国等国家，博士质量的危机表现在修业年限过长、流失率过高，而在澳大利亚、中国和俄罗斯这样的国家，人们通常怀疑某些学科的部分博士在科研能力和学术水平方面的质量。"（陈洪捷 等，2010）[6]可见，我们有着切身感受的，恰恰是博士生学术水平还不能令人满意。因此，如何培养学术型人才的研究在中国尤其具有重要意义。

从中国博士生教育的发展阶段来看，我们也应该更加关注博士生教育培养学术人才的功能。西方现代意义上的博士生培养（哲学博士，Ph.D.）始于新教德国，这种教育理念和培养方式在19世纪初的德国破土而出，在此后一两百年间流布全球，并在美国研究生院和学系制度基础上蓬勃发展，研究型大学依然处于高等教育金字塔的顶端。正因为这两百年的历史所形成的丰厚积淀，使得西方在今日博士生教育规模扩大、毕业生去向多元的情况下谈改革是有的放矢的——悠久而强大的学术传统。

但中国恢复研究生教育则仅有不到40年的历史，自主培养学术人才的梦想尚未完全实现——至今留学生依然是中国高层次学术人才的重要来源，我们的博士生教育还未来得及悠然沉浸在学术世界中打下中国学术根底、陶铸中国学术文化，却已跳上了世界高等教育扩张的快车，博士生教育规模迅速攀升到仅次于美国的水平。在这种情况下，一方面我们要思考博士生可迁移技能的培养，但另一方面又必须重视学术人才的培养，并且应该以此为根本，积蕴学术传统。因此，在博士生教育中，学术传统是如何被保存的，学术精神是如何被塑造的，学术人才是如何被培养的，仍是十分重要的课题。

成为学者并不仅仅是一个习得特定的知识和技能、获得文凭和身份即可成就的过程，在理想的情况下，它同时也是一种深刻的情感卷入和自我认同形成的过程，是一种生活方式的选择乃至生命意义的寄托。许多人都将保持浓厚的兴趣视为从事学术工作的理想状态，如孔子所说"知之者不如好之者，好之者不如乐之者"。所谓"乐"的状态就是深深地沉浸在所从事的活动之中。著名历史学家杨念群（2000）[478]的自述生动地传达了这种精神状态：

> 学术研究对我来说已不仅仅是某种职业表征，更像是一种生命勃发出活力冲动的标志与承诺，因为在求知的探索中体味惊喜、忧伤和痛苦已注定成为我所自主安排的命运的一个组成部分，这既是

我个人表达生命体验的最终抉择，也是为回报这一伟大的民族复兴时代所能表现出的最佳奉献形式。

伯顿·克拉克（Clark，1987）[83-85] 认为，在任何社会实体中都有丰富的符号内容，意义是无处不在的，信念（belief）因而在组织生活中发挥着重要的作用。而学术世界则是一个信念尤为丰富的场所，堪称宗教的世俗翻版。"信念"（规范依从）有时会比"威逼"（强制依从）、"利诱"（工具依从）更有效，而"情感纽带"又常常比物质的、习惯的、利益的、道德的纽带更强有力。

因此，假如我们仅仅关注博士生的知识和技能的培养，对我们理解"学者的养成"是远远不够的。当然，学术道德、科研伦理也是今天研究生教育研究的热点话题。但该类研究往往是基于实践中存在的学术不端行为，旨在使博士生遵守学术规范，避免违规行为，更多地是底线要求、外部规定。更积极主动的求知热情、对学术的承诺和对学术品质的追求等心智态度，则似乎因其过于理想化、难以转化为管理对策而较少为研究者所关注，但学术圈子内外却又常常在与国外大学对比时感叹我们学术风气的浮躁。

基于以上背景，本研究关注博士生教育的传统核心功能——培养学者，并提出以下问题：中美研究型大学中博士生学术品性的表现有何不同？学术品性包括哪些要素？它们之间的关系如何？学术品性的存在形态和养成机制是什么？如何创设理想学术品性养成的支持性环境？

1.2 核心概念

我们的研究对象是未来将要成为学者的博士生的学术品性，因此，我们这里分别要对博士生、学者和学术品性这三个概念做一界定。

1.2.1 博士生

magister、doctor、professor 在拉丁文中已经存在，它们最初有一个相近的含义，即教学往往与特定领域做出杰出贡献的人联系在一起。中世纪，当硕士或博士头衔附加在一个姓氏前面，意味着它的拥有者已经完全熟练地掌握了他所学习的学科知识（吕埃格，2008a）[159]。最初，硕士和博士意思相同，都是指教师资格，只不过在阿尔卑斯山南北用法有些差别，早先在巴黎大学及以巴黎大学为原型的北方大学，一般都称教师为硕士（Master），很少有用博士（Doctor）的。博洛尼亚及南方大学多偏爱用博士指称教师。

文艺复兴中艺学硕士（Masters of Arts）被诗人贬低，法学家们致力于为有博士头衔者争取特权而常常忽略了本应与其同等的硕士头衔，而宗教改革后神学家们也抛弃了硕士头衔采用了博士头衔，以至于到 16 世纪以后硕士学位渐渐地成了一种低级学位。与此同时，越来越多的艺学院的学者和哲学家们也就自称为博士，并经过长期的斗争才获得了正式的地位，而这一历史过程主要发生在新教德国（Clark，2006）[185-189]。

德国的大学将文学院改为哲学院，并在 18 世纪末 19 世纪初的改革中大大提高了其地位，使哲学博士（Ph.D.）成为一种并不低于医学博士、法学博士、神学博士的学位，哲学院不再是跟在神学院身后捧提裙裾的侍女，而是走在其前高擎火炬的"侍女"。最初的哲学院包含自然哲学、语言学、历史、博物学等各种学科，几乎一切可以作为认知对象但又不属于三大高级学院范畴的知识都不言自明地属于哲学院。因此，哲学博士并不仅仅指研究狭义的哲学学科的博士，而是授予各种称得上"哲学-科学"的知识领域(wissenschaft)。

美国以建立研究生院（Graduate School）的方式继承了德国的大学改革，它本义是要取代传统的学院模式而建立真正学习和研究高深学问的"大学"，但为了避开与宗教力量和原有学院的冲突，最终研究生院成为在本科生院之上的第二级学位授予机构，并且一般称为文理研究生院（Graduate School of Arts and Sciences），包括各种基础学科。研究生院也渐渐成为专门培养研究者、大学教师的职业学院[1]。在其他培养专业工作者的职业学院中（如医学院、法学院、商学院、教育学院、社会工作学院等），也会设立 Ph.D.学位，致力于拓展本领域的知识基础，以便为实践提供科学依据。而医学领域由于自身历史悠久，在古代已有一定的科学知识基础，加之其与生命科学等现代科学领域的紧密结合，如今已经成为科学知识的富集领域。工程技术领域由于在近代以来与自然科学的紧密结合，也有深厚的科学基础。因此，在这些领域，授予 Ph.D.学位也较多，或者与相应的专业学位区别度不大（如哲学博士 Ph.D.与工程科学博士 D.E.S.）。

当然，除了 Ph.D.以外，美国还授予比 Ph.D.数量更多的各种专业博士学位，其中包括传统的第一级专业学位（医学博士 M.D.，法律博士 J.D. 等），

1　美国一般把研究生院之外的医学院、法学院、教育学院、社会工作学院等称为职业学院（或专业学院，Professional School）。但也有文献将文理研究生院也视为职业学院之一。如 Riesman, Ben-David 等人。

也包括新兴的其它专业学位（教育博士 Ed.D.，社会工作博士 D.S.W.等），此类学位更加强调专业实践技能。

本研究所关心的博士生群体在美国语境下主要是指攻读 Ph.D.学位者，其主体分布在文理研究生院，其它专业学院的 Ph.D.数量较少，在学籍、毕业、学位授予等事务上通常也要归文理研究生院统一管理。

在我国，从学位体系来说，最初博士是一个整体性概念，是学士、硕士之上的最高级学位，并以研究能力和创新成果为标志。1980 年制定、2004 年修订的《中华人民共和国学位条例》第六条规定：高等学校和科学研究机构的研究生，或具有研究生毕业同等学力的人员，通过博士学位的课程考试和论文答辩，成绩合格，达到下述学术水平者，授予博士学位：（一）在本门学科上掌握坚实宽广的基础理论和系统深入的专门知识；（二）具有独立从事科学研究工作的能力；（三）在科学或专门技术上做出创造性的成果。[2]

但近年来，我国博士层次的教育已经开始了学术性与专业性的分化，目前已设立了教育博士、工程博士、临床医学博士、兽医博士、口腔医学博士五种专业博士学位。因此，本研究中所指的博士生，在中国当下语境里是指学术型博士生，相当于美国的 Ph.D.。

1.2.2 学者

本研究中，我们用学者（scholar）一词来表达哲学博士的培养目标，即我们将哲学博士看作成为一名学者的正式训练阶段和资格要求。但学者并非一个严格的学术词汇，而是一个日常生活中经常使用的词汇，这一点中外皆然。

在西方 scholar 一词最早出现于 12 世纪之前，最初一般指学生、学习的人，后来指致力于学问的人，或在某一方面很有学问的人。当代的英语文献中，对 scholar 的使用有狭义和广义之分。

狭义上，scholar 主要运用于人文学科。比如人们常将"scholars"和"scientists"并称：爱德华·希尔斯编辑的纪念芝加哥大学第二、三代学人的书籍标题定为"教师、科学家与学者"，"教师"体现教书育人的角色，而"科学家与学者"则体现科研角色，按照一般的理解，科学家主要是指在自然科学和社会科学领域从事研究的人，而学者则偏重指人文艺术领域从事研究的人。在《学术生活：小小世界，不同世界》一书中，伯顿·克拉克也多次使

---

2 中华人民共和国国务院学位委员会.中华人民共和国学位条例[EB/OL].http://www.gov.cn/banshi/2005-05/25/content_940.htm/，2005-05-25

用"科学家与学者"这样的称谓，并且基于一位人文学科大学教师的解读，克拉克将"scholarship"解读为"对原始文本的领会与把握"，将"research"解释为提出新的观点（Clark，1987）[xvii]。

广义上，学者既不限于特定学科，又不限于服务机构。如美国卡内基博士教育项目（CID）在其 2006 年的出版物《Envisioning the Future of Doctoral Education》中称博士生教育的目的是培养学者（scholar）——创造性地生产新知识，批判性地保存有价值的和有用的观点，负责任地从事写作、教学和应用性活动的人（Golde，2006）[5]。在其 2009 年的出版物《The Formation of Scholars》（Walker，2009）[9-12]中指出学者的特征是："他们理解已知、探索未知，批判继承人类知识精华，开拓创新、推进前沿，他们懂的越多便越有一种诚实、慷慨、负责地利用知识和技能的义务，他们是思想者、行动者、理智的冒险者和道德的担当者。"可见，广义上，scholar 既不局限于人文学科，也不局限于在高等教育机构工作，而是泛指以知识的保存、生产、传播、应用为己任的人。1990 年博伊尔在其著名的卡内基教学促进会专题研究报告《Scholarship Reconsidered: Priorities of the Professoriate》中更加明确地将学者的内涵扩展为发现的、综合的、应用的和教学的四种学术水平。（Boyer，1991）

有时，即使在同一本著作中，作者也会同时在狭义和广义上使用学者一词。如 1976 年，Katz 的著作《Scholars in The Making: The Development of Graduate and Professional Students》标题即表明研究生教育（含专业学院的研究生教育）的功能是培养学者，因此其"学者"的内涵相当之广了。但在此书首章首段作者又说"研究生和专业教育的终极目标是培养未来学者、科学家、教师和其它专业人员（other professionals）"，这里学者一词又在狭义上运用。（Katz，1976）[3]

在汉语里，《现代汉语词典》中对学者的解释为"在学术上有一定成就的人"。这个定义对于我们的研究来说显然是太过宽泛，何种学术、何谓成就需要加以限定。

石中英（2001）[83-84]在其《知识转型与教育改革》中梳理了四种知识型：原始知识型（神话知识型）、古代知识型（形而上学知识型）、现代知识型（科学知识型）和后现代知识型（文化知识型）。伯格（2009）亦在其知识社会学论纲中指出人类维持合法性的概念机器可分为神话的、神学的、哲学的和科学的几种形态。

　　神话知识型经过几千年的祛魅在今日世界已失去了合法性；而随着西方世俗化进程的推进，神学知识如今也只是屈居一隅，再没有中世纪的辉煌。在当今世界占主导地位的是源自希腊理性传统的哲学-科学知识型。在古希腊时代，除了工程技术传统和医学传统中所保留的有限的科学知识外，科学主要地是哲学的一部分。近代以来，随着唯科学主义运动在西方的兴起，科学知识逐渐脱离其哲学母体，19、20 世纪以来以一种专业细分的方式急速发展，并因其与工程技术的结合、向社会显示了巨大的改造现实的力量而成为显学。而哲学在经历了启蒙时代的辉煌之后，似乎越来越失去了统合一切知识的能力，成为知识的一个分支。

　　因此，在我们时代的知识观中科学知识型占据主导地位，它涵盖数学、自然科学与工程技术、生命科学与医学，也蔓延到社会科学乃至人文学科中。后现代的文化知识型主要存在于人文领域，是对科学知识型的一种反动，欧陆哲学相对于英美的分析哲学传统更加彰显人文色彩，力图构建一种精神科学的传统与自然科学传统相抗衡。因此，当我们说学术，主要指的是导源于古希腊理性精神并存在于现代学科制度下的哲学-科学知识型，或曰广义哲学知识。它对应于德文的 wissenschaft，或英文的 humanities and sciences 或 arts and sciences，是人类对包含宇宙与自身在内的一切认识对象穷根究源的思维活动。

　　而当我们说到学术成就，在当下的学术界，其核心指标应是有自己的原创性学术成果。科学哲学家李醒民（2010）指出"学术只承认独创，是否具有独创性，是判断一个学术论著或学术成果的唯一的、终极的标准。在学术上，不管提出新问题、发掘新材料、形成新见解、产生新思想，还是发明新方法、构造新范式，都属于独创性之列，尽管它们各自对学术宝库贡献的大小和重要性有所不同"。在我们的时代，创新成为一种普遍的意识形态和制度要求，没有"新"成分的学术，难以被我们的学术体系视为成就。

　　因此，本研究所谈的学者是在现代学术知识体系中致力于做出原创性知识贡献的人。尽管并非历史上所有时期的学者都寄身于大学（如 16、17 世纪的科学家常常是业余人士），但当今社会的学者主要是以大学为接受训练和工作栖身的环境，学术职业是他们作为一种受到普遍认可的社会角色而存在的制度基础。因此，在当代的意义下，我们所说的"学者"主要是指"大学教师"、"学术职业从业者"（Faculty, Academic Man, Professoriate）。

1.2.3 学术品性

在汉语中，"品"意为"等级、种类"，是对事物的区分。"性"可指"本性"（natural instincts），如《论语·阳货》"性相近也，习相远也"，《荀子·正名篇》"生之所以然者谓之性"；可指"性质或性能"（nature; character），如沈括《梦溪笔谈》"物性之不同"；又可指"性情、脾气"（disposition），如陶潜《归园田居》"少无适俗韵，性本爱丘山"，司马光《训俭示康》"吾性不喜华靡"，纪昀《阅微草堂笔记》"性悖妄"。

与我们用"品性"试图表达的意思最接近的英文术语是 dispositions 或 habits of mind。学术品性即为 scholarly dispositions，habits of mind as a scholar 或 scholarly habits of mind，scholarly mindset，包括对知识、对研究、对学术职业的态度等。美国著名的博士生教育研究者 Gardner（2007）对某教育学院的教师和博士生的研究中，从品性（dispositions）和技能（skills）两个方面提出了教育领域哲学博士培养的若干要素。全美教师教育认证委员会在《教师专业发展学校的标准》中也提出教师标准的三维度：知识，技能，品性（dispositions）（张建桥，2011）。杜威在《民主与教育》一书中也将教育的结果表达为 intellectual and emotional（mental and moral）dispositions，即包含理智和情感两个维度的心智品性。

品性既非个人生而有之不可更改的天赋秉性，亦非被环境刻板烙印的产物，它是先天与后天交织构成作用去动态形成并且总在动态变化之中的。对博士生而言，个人秉性与家庭环境、教育经历、社会风气、个人选择、交际圈子等多种因素综合作用，学术品性在走向学术职业道路的关键过程中逐渐形成并且在治学之路中有可能发生变化。社会环境和制度安排、具体的人际互动对博士生学术品性的形成显然会发生重要作用。

通过经验性地观察现实中在博士生身上哪些品性自然地流露出来，哪些被认同、渴求但却抑而不彰，我们既能更好地理解博士生，也可以更好地理解学术环境——它在筛选什么，激发什么，压抑什么，排斥什么。

1.3 文献综述

对个体层面的学者培养试图进行理论化时，为研究者所采用的主要是社会学中的社会化理论和心理学中的发展理论。这些文献中都会将品性（或价值、态度等）作为学者培养的一个重要维度。

1.3.1 博士生学术品性的维度与要素分析

专就博士生的学术品性开展的实证研究较少，外文文献中有上文提到的 Gardner 通过对教育学院学生访谈而得到的学术品性若干要素，包括求知、独立、谦逊；以及哥伦比亚大学师范学院博士生 McArthur（2011）[v]通过对美国西南某大学教育学院一门为期一学期的博士生开题研讨课的跟踪观察与师生访谈而得到的若干学术品性的特质，研究者提出了两种学术能力（scholarly capacities），即参与学术话语、确定性与开放性；四种学术思维方式（scholarly habits of mind）：敢于冒险、忍受不确定的结果、持久的专注、接受批评并探索其它可能性；以及三种学术品性（scholarly dispositions）：改变的能力、分清轻重缓急的能力、克服缺陷的能力。

而 Bergman（2006）[89]则通过对一个涉及 4 个学科（临床心理学、电机工程、护理、学校管理）、15 所高校的博士教育调查项目所开展的 116 个访谈进行的分析，归纳出一个更全面的博士生教育学习成果列表，如表 1-1 所示。其中涉及到知识、技能、态度、活动与成果等不同类型的指标。

表 1-1 博士生教育学习成果

类别	所含成果	具体指标
认知发展 Cognitive	内容知识	具体专业知识；跨学科视角
	批判性思考	高阶认知技能；元认知技能
	研究知识	关于文献，研究过程和方法的知识
	视角转换	多元视角的发展；对新视角的开放度；对不同视角的认可
心理-社会发展 Psychosocial	自我概念/自尊	自信；自我理解
	心智习性	自律，敢于承担风险，毅力，感恩
	人际关系和交往能力	与家人、同学和教师关系的进展；跨文化友谊
高级技能发展 Advanced Skills	沟通技能	口头和笔头沟通技能的提升
	教学和科研技能	评估数据和开展统计分析的能力、教学技能、课程开发能力的提升
	问题解决技能	意识到解决问题有不同的方式；技能的加强
	团队合作技能	合作；共事；分享

	"生活"技能	时间管理，压力管理和组织能力；积极行动和足智多谋；终身学习能力
专业胜任力发展 Professional Competencies	职业准备与就业	为具体职业做准备；获得特定专业所需技能；更多的专业机会
	专业社会化	活动：会议；实习；专业组织会员资格；院系活动；学术报告；论文发表；教师辅导；人脉积累 专业身份认同的形成：自我概念；信念；价值观；兴趣；目标；资格证书考试；加入社团
	领导力准备	领导技能，自信，全国性乃至世界性领导人的培养
	社会责任感	致力于推进专业发展；致力于通过科研、教学和领导活动生产新知识服务社会公益

根据我们所关心的学术品性的话题对其中的要素进行抽取和重组，则可认为包括以下几个方面：开放性（对新视角的开放度、对不同视角的认可、敢于承担风险）；自主性（自律、毅力、时间管理、压力管理、积极行动）；灵活性（足智多谋、意识到问题的解决有不同的方式）；合作意识（合作、共事、分享）；责任感（致力于推进专业发展；致力于通过科研、教学和领导活动生产新知识服务社会公益）；专业认同（自我概念、信念、价值观、兴趣、目标）。

在一些关于攻读博士学位或培养未来科学家的实用性指南中也常有相关论述。如美国学者罗伯特·史密斯（2010）[7-15]在《理工科学生科研指南》一书中依次谈到敬业（对科学、真理的追求所负的使命，以及对系所和学科所负的责任）、执著（专注、锲而不舍、投入时间、耐心、一丝不苟）、客观平和（允许他人的质疑、敢于承认自己的无知）、创造性（新颖、实用、领悟转化、高度概括）等。

《芝加哥学术生涯规划》（2012）[17-21]中谈到成功完成研究生学业的人应当具有的个人特征包括："才智应该高于普通人；本科期间成绩优异；善于思辨；自立自强，善于安排时间；既能享受学者在生活方式上的灵活自主，又能同时在千头万绪中游刃有余；不畏困难；也不计回报。耐心和创造力也是重要品质，还要在孤寂中怀抱希望，等待学问之树开花结果。"此外，本书作者也强调"热爱所学专业"、"对所选择的领域充满期待"，只有对选定方向有"深刻而持久的兴趣与迷恋"才能使得艰辛的学术工作本身成为一种回报。

可见，尽管学术工作有其特殊性，但从品性特征的角度考虑，学术所要求于人的许多特征通常也是一个人取得任何领域的成功所需要的。[3]而学术工作的独特性所要求于人的又有一些其他领域并不强调的品性，如追求真理、淡泊名利、独立自主、自由探究、注重原创、严谨求实、勇于质疑等等。

这些在中外学者对学术规范、学术精神、学术气质等的论述中得以体现。如默顿（2003）[361-376]提出科学的精神气质包括普遍主义、公有性、无私利性、有组织的怀疑。伯顿·克拉克（1987）[109,122]将学术职业文化分解为追求知识、开放探究、学术诚信和尊重质量四个方面。李醒民（2007）[275]总结"科学精神以追求真理作为它的发生学的和逻辑的起点，并以实证精神和理性精神构成它的两大支柱。在两大支柱之上，支撑着怀疑批判精神、平权多元精神、创新冒险精神、纠错臻美精神、谦逊宽容精神"。

近年来面对学术的功利化、浮躁化，研究者呼吁学者当有"淡泊名利"、"沉潜学问"的学术品格（邱兆祥，2005）；针对科研课题项目制的弊端，强调学术是最具个性、独立性、公共性、超越性、自由自觉的原创活动，学者应保持对真理和科学的虔诚与执着、自由独立思考的立场和甘于寂寞、勇于探索的精神等。（周怀峰，2012）

总之，对学术品性的各种归纳不一而足，并没有一个完备的或公认的清单。但值得注意的是，不同的要素有不同的历史渊源。如"好奇心"、"追求真理"、"为学问而学问"、"原创性"、"自由探究"等实际上来源于不同的历史时期，具有特定时代或地域的特色，但又都融入当下人们对学者理想品性的追求中。注意到其历史渊源，有助于我们对特定品性本身的内涵及其在现代学术职业中的境遇加深理解。因此，本书第二章对西方历史上不同时期学者的学术品性做一简要梳理。

1.3.2 学者养成的社会学与心理学视角

对学者养成的过程，目前研究者们主要使用社会化理论和发展理论来解释。

"社会化"作为一个学术概念 19 世纪末已经出现，20 世纪在美国的人类学、社会学、心理学领域中对其有持续不断的研究。出版于 1963 年的《现实

---

3 如 TED 演讲者和畅销书作者 St. John 通过对各领域的 500 位成功人士的访谈总结出他们的八个共同特征，即热情（Passion）、工作（Work）、专注（Focus）、发奋（Push）、创意（Idea）、提高（Improve）、服务（Service）、坚持（Persist）。

的社会构建》一书中，伯格和卢克曼系统地阐述了社会化的问题。他们将个人与社会的关系理解为一个辩证的循环：外化——客观化——内化。人类的主观意向可以通过各种方式外化表达出来，其中最重要的是通过语言这一符号系统得以客观化地表达。语言是知识的社会存储（social stock of knowledge）的原料和基础，一张不断扩大的"知识"之网，即文化，构成了与人所生存其中的与自然环境一样重要的社会-文化环境。一切知识，从日常生活中须臾不离的知识，如描述亲属关系的用语，到最深奥的宗教、哲学或科学理论，都是人所创造出来的。从这个意义上说，一切文化现象皆为人类建构的产物。同时，任何人一出生，便落在这样的文化之网中，他从牙牙学语开始，便在交互之中不断地内化所在的"客观世界"，最终成为社会的一员。因此，"社会化可被界定为一种将个体广泛地和持续不断地导入社会或其部分客观世界的过程。"（伯格 等，2009）[108]

伯格区分了初级社会化和次级社会化，初级社会化是指个体在孩童时期经历的最早的社会化，通过它，个体才得以成为社会的一员。初级社会化对个体而言是一个没有选择权的、不可避免的过程，是由重要他人（通常是父母）在充满强烈情感的状态下开展的。初级社会化所形成的认同也是不会为个体所质疑的，是准自动式的，当概化他人的概念在个体意识中确立下来时，初级社会化便宣告结束。此时，个体已经可以抽象地考虑社会中的他人，已经成为社会的一员。

次级社会化是制度化的或是以制度为基础的"亚世界"的内在化。次级社会化通常是获取专门角色知识，而这些角色直接或间接地扎根于劳动分工。因此，劳动分工复杂程度、社会经济剩余程度不等的社会中，次级社会化就会有较大区别。在一个分工较粗、社会流动很少的阶级社会中，人的社会角色是由出身所给定，因此，次级社会化发生的过程也就有较少的选择性，个体的认同也是一种半自动的，"我是谁"或"我要成为谁"较少地成为困扰个体的问题。但在一个流动性很高、劳动分工极为复杂的现代社会，次级社会化的情况则要丰富得多，个体定位自己的社会角色的过程也有更多的选择空间，自我身份认同的形成有更大的不稳定性。从而，认同作为一个理论和现实问题也就更显出其重要性。

而学者的养成过程，即一个"次级社会化"的过程，它是个体成为学术界一员的内化过程。

伯格将内化（即社会化）的过程分为认知的、规范的和情感的（cognitive, normative and affective）三个方面。其它学者的理解基本相同，如 Merton（1957）的定义是"社会化过程是一个人形成独特的价值观、态度、知识和技能，也即形成专业自我（professional self）的过程，专业自我决定着他（她）在专业内外各种情境中的行为表现。"Brim（1966）进一步将社会化的内涵凝练为"人们获得使其更好地成为社会一员的知识、技能和品性（knowledge, skills, dispositions）的过程"。Bragg（1976）认为"社会化过程是一个学习过程，在这一过程中，个体获得成为他所属团体之一员的知识与技能、价值与态度、习惯与思维模式（habits and modes of thought）"。Bullis 和 Bach（1989）认为，社会化是个体将特定社会团体的期待、标准和规范内化的过程，简而言之，即从局外人变成局内人的过程。

持后现代主义立场的研究者批评了早期研究者的单向度视角，即把社会化过程仅仅看做是组织或社会对个体的同化，他们指出社会化是一个双向的或辩证的过程，新来者并非一块白板，而是带着自己的观点、价值和理念，通过与组织环境的互动而最终生成新的意义体系，在获得共性的同时，他们完全有可能保持自己的个性，甚至将自身的一些特征烙印到组织中。（Staton，1990；Tierney and Rhoads，1994；Tierney，1997；Antony，2002）

无论是持同化论还是互动论，从社会学的视角出发，成为某种人从来不仅仅是"所知"或"所能"，更是"所是"。正如联合国教科文组织将 21 世纪教育的四大支柱定为学会求知（learn to know）、学会做事（learn to do）、学会共处（learn to live together）、学会做人（learn to be）。（德洛尔，2001）学习的最高境界乃是作为人而存在。同样，导向学术职业的教育也不仅仅是掌握知识、解决问题、发表文章，而是作为学者而存在，即形成学者的认同和承诺。知识和技能的掌握、学术规则的适应都是基本的要求，但还不是全部。社会化理论中的一个重要概念是"角色距离"，它探讨的正是情感、态度、价值观维度缺失的状态，即一个人可以妥善地完成角色所要求的行为，但内心里却并不认同这种角色，因而与该角色保持着心理距离。

20 世纪 60 年代，已经有社会学的学者用社会化理论研究博士生教育。如 1967 年的《Sociological Inquiry》杂志第 1 期是关于"社会化"的专题，在 10 篇文章中有 3 篇都是关于博士生的社会化，分别是《社会学研究生专业承诺的变化》、《教师影响与博士生的专业参与》和《研究生院中社会化的结构》。（Wright，1967；Pease，1967；Rosen，1967）

70 年代以后，高等教育领域的研究者开始较多运用社会化理论。1976 年 Katz 的《学者的培养》（*Scholars in the Making*）一书是一个系统的尝试，1978 年 Bess 将"预期社会化"概念引入研究生培养的研究，此后，关于研究生教育和研究生在读体验的许多研究，都运用了社会化的理论视角，并出现了一些重要的综述性文章。（Weidman et al，2001；Austin et al，2006）

研究者们讨论得比较多的是社会化的成果/目标、阶段、核心要素、维度等方面。对学术职业的认同和承诺（Identification with and commitment to a professional role）被视为未来学者社会化的最终成果；阶段通常分为预期社会化、正式社会化、非正式社会化、自我社会化等由浅入深、由外而内的阶段，并且认为不同阶段间并不完全是线性的关系，而是有重叠、反馈；Weidman，Twale 和 Stein 将知识获取、卷入（Involvement）、投资（Investment）视为三个核心要素，而社会化的维度包括集体的-个体的，正式的-非正式的，随机的-顺序的，固定的-变化的，连续的-断续的，赋权的-排斥的等。（Van Maanen，1978）

发展理论始于认知心理学，从皮亚杰的思维阶段论这一开创性工作而始，因此，早期以儿童为主要的研究对象，后经埃里克森的研究逐渐拓展到人的一生发展。侧重认知、阶段发展论、分门别类（认知发展、道德发展、情感发展等）是该理论流派的主要特征。学生发展理论一般被视为人类发展理论在大学生这个群体中的运用，兴起于 20 世纪 60 年代。这一时期的主要理论贡献有：Douglas Heath（1968）年基于男性本科生研究了人在走向成熟的过程中转变的四个领域（智力，价值观，自我概念，人际关系）和五个维度（更好地表述经验，更加以他人为中心，更诚实，更稳定，更独立），试图勾勒理想的教育经验的成果应当是什么样。Roy Heath（1964）则引入了分类理论来看个人差异如何影响学生成熟的进程。Feldman 和 Newcomb 则研究了同辈效应，关注同辈在学生成长过程中的重要作用。（Feldman et al，1994）

80 年代末以后，在自我认同、认知结构等方面学生发展理论都有持续推进，并且除了分门别类的研究，也开始出现一些整合的理论，将发展的认知层面和情感层面结合起来，如 Kegan 的 Self-Authorship 理论，Schlossberg 的过渡理论等。Sanford（2006）关于大学生从后青春期向年轻成人的转变过程中大学环境的作用研究，提出了学生自我形成过程中"分化与整合的循环"、"挑战与支持的平衡"两组重要观点。有关大学生社会身份认同（性别认同、种族认同、阶层认同等）的研究也大量涌现。（Evans et al，2009）

但以上这些理论都是基于本科生的研究。本科生教育与博士生教育有很大差别，后者应用发展理论需要开展独立的研究。部分学者开始了这方面的探索，如 Gardner（2009）做了一个理论综述《博士生发展：阶段性挑战与支持》。发展理论涉及了人的认知、情感、道德、人际、专业认同、自我认同等方方面面，并不存在一个清晰的架构，Gardner 采纳 McEwen（2003）的分类将其大致分为社会心理发展、身份认同发展、认知-结构发展三个方面。从对博士生教育的过程分析看，Gardner 也采纳了阶段划分法，将博士生教育分为入学初期、课程阶段、论文阶段，并讨论了每个阶段的主要任务、面临的挑战和环境的支持。对于贯通三个阶段的整体性目标，Gardner 认为是学者认同的形成。

Stevens-Long 和 Barner（Stevens-Long et al，2006）作为心理学研究者也从发展理论视角对博士生教育做了探究，从知、情、意（coginitive，emotional，conative）三个方面分析了博士阶段发展的特点，并指出认知的发展伴随着情感的体验和自我的重构。在认知发展上特别强调了提出问题和界定问题的能力、批判性反思和视角转换的能力，在情感和意志方面特别强调了自主性、自我效能感的发展，并指出了从学生到学者的三种变化：对知识和学习形成一种新的认识；从学问社区的边缘进入中心；对自我在学习中的角色形成更深刻的认识。在博士期间，博士生应当实现自我角色的重构，不再仅仅作为知识的吸收者，也是知识的创造者，他必须了解所在的学科是如何构建知识的，什么样的知识被认为是有效的，学会处理高度复杂的、非结构化的、开放式的问题，克服自我怀疑与不安全感，与导师形成一种同事般的合作关系，积极、自主地把握学习和科研过程等。

Lindholm（2004）的研究则专注于学术职业志向的形成，讨论了自我、环境及其互动如何影响个体学术职业志向。她结合博士生学术社会化理论、职业选择理论，对研究型大学的教授做了访谈研究，回答了"什么吸引他们从事学术工作？何时决定从事学术工作？哪些人和事对他们的决定影响最大？"这些问题。Lindholm 所用的理论框架是"动机、社会化、机会结构、期望"四元模型，认为人们工作的动机是为了满足三个方面的基本需求：生存、愉悦、贡献，并且会根据自己可选择的范围实现以上三个方面最大的满足，对未来的期望部分地被家庭、教育、早期工作经验的社会化过程，部分地被个人所感受到的机会结构所塑造。

国内学者也以社会化理论为指导开展了相关研究，如边国英（2010）通过对教育学和社会学两个学科的博士生进行访谈，探讨了读博动机、环境的挑战性、师生关系、学术背景等方面，探讨了博士生的"名校情结"和"学业追求逐级上升"的现象、师生关系中有时出现的博士生独立性和自主性被剥夺的情况、学科范式强弱对博士生培养的不同影响等主题。

总体看来，社会化视角和发展视角的博士生教育研究提供了许多重要的概念资源，对博士生教育过程中的诸多要素、环节、方面都展开了分析，并且都将学术职业身份认同的形成作为最重要的、统整性的目标。研究方法也多以质化研究和基于实证的实质理论建构为主，研究中学科的差异性是一个重要的考虑因素。但目前关于博士生学术社会化、学术发展过程的跨文化研究依然比较少见，本书将主要从这一视角出发，尝试研究中美博士生在学术品性的表现上有何不同以及为何不同。

1.4 研究方法

一位社会学教授将社会研究比作绘制地图，它能够描述性地把握社会生活的轮廓与比例，但通常只是简略的、象征性的描述，所能反映的也常常只是研究者所关心的那些特征。因此，任何这样的描述都是对真实社会生活之复杂性的简化。但是，正如地图之功效，这种简笔画也使我们对社会生活产生一种"一览众山小"的感觉，从而摆脱"不识庐山真面目，只缘身在此山中"的遗憾。（Smith，2003）

无论量化研究还是质化研究都是尝试以自己的方式去抓住社会生活的一些特征。如果说量化研究使用的是数学语言，或曰其灵魂为"数"，则质化研究使用的是自然语言，或曰其灵魂为"词"。质化研究者常常面临的一个困境就是要以一种"科学"的抽象态度来对待一种血肉丰满的历史真实，要从琐细、丰富、斑驳、交融的对世界的感受和表达中建构重要、清晰、条理分明的结构。从人的生活经验中提炼出简洁有力的概念范畴，组织成一个有意义的关系结构的过程中，文学的丰富细腻和哲学的清晰简洁形成了一种张力关系。

语言是历史性的存在，语言诞生于其中的社会生活本身也不是长久不变的地形地貌，静静地等着我们勘测、勾勒、描绘，社会生活本身永处流变之中。无论把研究对象设定为多么有限的一群人或一种现象，其内部所蕴涵的细节与变化都超出研究者的把捉能力，我们所能描述的不仅仅只是社会生活的简化的特征，而且还是根据我们所能把握的社会生活的有限片断，因为并没有一台超级计算机帮助我们扫描、记录和分析每时每刻每人的每个思想与行为，即使有这样的数据存在我们对它的理解、我们能看到什么依然受制于我们的理论视角和概念工具。这种人类理解的片段性和有限性相对于存在的整全性和无限性，使我们不得不在言说"真理"时保持一种谦逊的态度。因此，持建构主义观点的社会科学家认为，研究者是作为一个社会现象的"拼凑者"，使出浑身解数将自己构造的"现实"展示给世人。（陈向明，2006）[22]本研究可视为这样一种探索性的和建构性的质化研究。

1.4.1 数据的搜集

从学术品性的实征表现来说，可以有行为层面和叙事层面的表现。所谓行为层面即从当事人在具体事件或情境中的选择和表现来分析其学术品性，所谓叙事层面即从当事人对过往经历的自述及所发表的意见、观点中分析其学术品性。前者需要研究者选择（自然观察）或设计（实验观察）若干事件情境从而观察研究对象的行为，后者需要研究者对研究对象进行深入访谈。考虑到研究的时间和条件，本研究使用访谈法收集数据，如此搜集数据可跨越时空限制但会带入受访者的叙事风格、记忆力、坦诚度等的影响。

笔者在中国的两所"985 大学"（称为 A 大学和 B 大学）和美国的一所常春藤大学（称为 C 大学）中对高年级博士生、新近毕业博士（博士后或讲师）以及相关人员（如访问学者、教授等）进行了访谈。最终用于对比分析的主要是中美各 12 名博士生和博士。除了这 24 个核心访谈之外，其它的相关访谈、小组会谈、网络博客、官网资料等质性数据也用于分析中。受访者的具体情况及访谈时间、地点见附录 1。

访谈主要是对受访者的学术生活史进行开放式访谈。根据 Noaks 和 Wincup 的看法，开放式访谈常用于引发和获取生活史。为了获得丰富的数据，研究者的关键技巧是积极倾听，"给与被访者充分的自由去谈论和总结意义"，同时始终牢记自己的研究目的。（Noaks，Wincup，2004）[80]研究要致力于"理解受访者的语言和文化"（Fontana，Frey，2000）[654]，为此，开放式访谈的研究者必须考虑以何种角色呈现自己，如何获得和维持信任，以及如何努力达到以受访者的视角来观察世界但又不会入乡随俗，保持一种可以跳脱出来、转换视角的灵活性。由于本研究对中美两国博士生进行访谈，他们处在不同的文化情境中，尤其需要注意这种开放的理解和转换的能力。

在美国，笔者接受了机构评审委员会（Institutional Review Board）的相关培训和考试，并提出了研究申请，提交了访谈提纲、邀请函和知情同意书等文件，并获得批准[4]。而寻找访谈对象的过程通常是这样的：

通过 C 大学各院系的官方网站找到博士生的个人简介和联系方式，然后根据学科、年级等选择我认为合适的人给他们发送邮件，介绍自己正在做一个关于中美博士生学术生活的比较研究，问对方是否愿意接受一个 1-2 小时的访谈，并向对方申明保密协议。约有 1/4 的人接受了访谈。这里并没有任何强制性，通常也不涉及敏感问题，愿意接受访谈的博士生都是比较热心和真诚的，因而他们所介绍的自己的经历和自己对一些事情的观点、态度也是比较可信的。在中国，我部分地通过自己的朋友关系，部分地通过类似于美国的方式，寻找访谈对象，受访者也是自愿分享，态度真诚。

由于希望了解到攻读博士过程的全貌，因而我一般选择高年级或新近毕业的博士，同时，也尽量涵盖了不同学科，以避免自己对某些问题的理解受限于特定学科的特征。访谈的展开采用一种开放式的结构，并非由研究者主观选定若干学术品性并由受访者谈论自己对他们的理解，而是希望引导受访者对自身的教育和学术经历进行叙述，从中去分析他们表现出或强调了怎样的学术品性。因此，看受访者是否有某种学术品性，一是看是否讲述了能够体现此种品性的自身真实经历，二是看在其非自我指涉的介绍性和评论性话语中是否涉及了此种品性。

在美国由于通常可以提前看到受访者的简历，因而会结合每个人的情况有针对性地问一些问题。在中国，我则提前把访谈提纲发给受访者，但会特别强调他们可以谈任何自己觉得重要的东西。因此，访谈提纲在我的研究中只是参考性的，每个人的实际访谈过程都有较大的不同。参考性的访谈提纲见附录 2。

---

4 访谈提纲请参见附录 2。由于研究之初并没有将聚焦点确定在学术品性上，而是较宽泛地比较中美博士生的整个学术生活和学术成长经历，访谈提纲也是就此设计，但随后在分析数据的基础上发现学术品性的差异及其重要意义并将研究聚焦于此。这种方式反而无心插柳地使得研究者有可能抽出更加"自然"的叙述，去分析背后所体现的学术品性。

1.4.2 数据的分析

这并不是一个线性的研究过程，即先有明确的研究问题，然后依此去收集数据、分析数据、回答问题；事实上，在研究的一开始，我是更泛泛地希望了解中美博士生读博期间学术生活体验的异同，正是在访谈和分析数据的过程中，问题才逐渐聚焦，最终收敛到重点分析学术品性。因而这一主题本身就是与数据互动的过程中形成的。确定学术品性这一研究方向后，对数据的第一轮分析采取时间-逻辑顺序的主题编码模式，即按照读博选择——读博经历——职业预期这样的时间-逻辑顺序，将数据进行大的切块，然后在每一时间段中去寻找中美博士生的数据中各自浮现出了哪些主题（theme），每一主题下将来自不同学科受访者的资料进行反复比较。

由于很少有人实地收集中美博士生的访谈数据并试图回答二者的学术品性差异，因此，本研究的主要任务是首先抛出一些有一定数据支持的概念和模式（concepts and patterns），确保概念本身言之有物且言之有据，能够反映中美访谈数据中最突出的差异。因此，我试图从数据中去发现那些最强的、最值得关注的主题或模式。

数据分析过程中，研究者带着自己的特定视角——学术品性，和一些相关概念、理论（如社会化、认同等）来反思和解读数据。因此，研究者的主观判断、已有文献的概念和理论与数据三者都在分析过程中发挥了作用。

学术品性的各种言辞表述有其历史渊源，往往带着各自时代的特征进入当下语境，构成历史与现实的交融，为此本书第 2 章首先依西方历史的时间顺序梳理了几个关键时期学术品性的典型表现；接下来基于访谈数据描述了中美博士生在读博选择、学术经历和职业期待中所体现出的学术品性之异同（第 3-5 章），并试图梳理学术品性各要素间的类型与层次关系（第 6 章）；继而将平面化的分析拓展到发生学的视野，尝试基于杜威教育思想对学术品性的存在形态与养成机制做出理论分析（第 7 章）；最后通过美国大学的若干具体案例对如何创设学术品性养成的支持性环境加以介绍（第 8 章）。

第 2 章　哲学家的后裔：学术品性的时代变迁

　　既然过去所有的幻觉——"通向真实存在之路"、"通向艺术的真实道路"、"通向真正的自然之路"、"通向真正的上帝之路"、"通向真正的幸福之路"，如今已被驱逐一空，以学术为业的意义又是什么呢？

——马克思·韦伯（1919）

　　以科学研究和知识创造为使命、以大学为组织依托的职业学者身份只是一种新近的历史现象，但人类探究真理的活动却是古已有之。甚至，我们可以粗略地说，所有哲学博士都是哲学家的后裔。尽管在不同时代和地域，他们有着不同的社会角色、地位和品性气质，但哲学家的精神血脉始终流淌着，这是人类精神中独特而宝贵的一部分，它一代代地生长和传承着，有时它被实用的精神、信仰的力量或规则的教条所遮蔽而暂时地失去了华彩，但它却从不曾消失，因为，如果我们相信亚里士多德的话，它是人类天性的一部分。

　　因此，我们有必要回到源头，去看在古希腊哲学诞生的时刻，它的创造者彰显了怎样的品性。鉴于大学是继承理智传统的最重要的社会机构，我们将沿着大学产生和发展的历史，考察若干关键时期，学者表现出哪些品性，并试图从当时学者对知识性质的看法以及他们在社会中的身份两个方面来加以理解。

2.1 古希腊：城邦自由人的哲学式生活

求知是人类的本性。——亚里士多德

不要听从我，格劳孔，听从真理！——苏格拉底

人类的意识总是试图寻求一种内在的一致性和完整性。初民社会的人用神话来解释各种自然与人事现象，以求得社会及内心的秩序感与安全感。古希腊赫西俄德的《神谱》是把长期的历史过程中形成的各种神话安排为一个系统知识的努力。因此，学者们认为，从神话到哲学是一个思想史上的连续过程。（范明生，2003）[8-11]

从希腊哲学思想的发展来看，早期的哲学家主要在思考宇宙本原和演化问题，思想既承接了神话时代，又有了极大的突破，创造力迸发，提出了各种学说。罗素热情赞扬此一时期的哲学家充满了真正科学的态度，而且富于想象、生机勃勃，充满理智冒险的乐趣。（罗素，1963）[91-92]但由于众说纷纭、莫衷一是，后起的智者派走向相对主义，宣称"人是万物的尺度"，事实上取消了绝对知识的可能性，亦从探讨自然问题转而探讨人世的问题。苏格拉底反对智者派的相对主义立场，但也在人事方面努力，他追问美德和正义是什么，试图得出普遍性的定义；柏拉图受业苏格拉底，游历较广，晚年受到毕达哥拉斯学派的影响，继承了苏格拉底的思想并将其扩展至自然界，形成理念论，但他对自然的关注主要是为其伦理学说服务；柏拉图的弟子亚里士多德出身爱奥尼亚（有研究自然的传统）的御医世家（古代的医学与自然科学关联比较紧密），因而其学说兼重自然和人事，既重概念又重经验，试图填补柏拉图思想中共相与殊相之间的漏洞。

以上极简略地勾勒了古代希腊哲学思想发展的大致脉络，下面我们以柏拉图和亚里士多德为中心，考察在哲学诞生的时代，求知者表现出何种品性。

2.1.1 学术品性：闲逸的好奇、知识的渴求与沉思的幸福

（1）闲逸的好奇

亚里士多德在其《形而上学》中开宗明义地指出"求知是所有人的天性"。他认为人类是出于好奇而开始哲学思考。感到疑惑与好奇，即觉得自己的无知，为摆脱无知而进行的哲学思考，就是为了追求知识而追求知识，并不以某种实用为目的。（亚里士多德，2003a）[5]这样的思考要有闲暇的保证。他指

出，只有生活必需品及种种使人快乐安适的事物获得了之后，人才会寻求这样不为任何其它目的而存在的智慧。

在亚里士多德那里，闲暇是与消遣娱乐不同的概念。后者被视为身体劳作之后对紧张感的消除，是一种肉体性质的行为，而操持闲暇则是心灵性质的行为，需要正义、公平、节制等德性。由好奇而产生的求知行为，一种为了自身而求取的知识，则被视为最适合于闲暇的活动。它因其不假外求而成为高贵的。（亚里士多德，2009）[315-322, 334-335]

（2）知识的渴求

爱奥尼亚的自然哲学家们最早是用 historia 一词来指称自己的认知活动的，他们对万物本源的探索，称为 historia peri phuseos, 即关于 phusis 的探究。而 phusis 意为自然，在古希腊是指"一件事物从产生到成熟的整个过程"。（张巍，2011）philosophia 一词当初泛指文化修养，并不专属于某个群体，任何接受过良好教育、见多识广的好学之士都可称为 philosophos。直到公元前 4 世纪以前，philosophia 并未取得特殊的专门含义。正是柏拉图毕生的著述和教学活动使得哲学得以建构，该词也开始指称一种特殊的精神活动和生活方式。（张巍，2008）而柏拉图赋予"哲学"的含义——爱智慧，即充满热情地追求真理。

词根 philo-是"爱"的意思，布鲁姆在对《会饮篇》的注疏中谈到，如果笼统地讲"爱欲"（Eros）就是渴求（longing），那么哲学家追求知识就可以看作一种充满爱欲的行为，他渴求知识。而又因为对知识的需求相对于其它需求，更有属人的特性，因而这种"爱欲"是一种最高形式的"爱欲"。"爱欲"常和快乐相伴，正是快乐使哲学家在永无止境的探究中坚持下去。（柏拉图，2003）[126]

苏格拉底的生活最突出地体现了这种精神。《申辩篇》中的苏格拉底将终生研究哲学视为神灵给予自己的岗位[1]，自称为城邦的牛虻。即使面临死亡的威胁，他也不愿意放弃这种使命，依然要告诫雅典的公民——不要只关心钱财，汲汲于名声和尊荣，他依然要不分老幼，询问、拷问、盘问他们，使他

---

1 苏格拉底描述了自己的转变发生在他的朋友凯勒丰去德尔菲神庙问是否还有比苏格拉底更聪明的人，神庙祭司说没有了，这令苏格拉底大为困惑，因为他觉得自己一无所知，从此他便与政治家、手工匠人、诗人、艺术家等各种自称有智慧的人物聊天，试图从他们身上找到智慧，但发现这些自称有智慧的人其实都没有智慧。

们关心智慧、真理和自己的灵魂。（柏拉图，2011）[38-39, 49] 因为在苏格拉底那里，知识即德性，获得了关于德性的知识，就等于具备了德性。一个人知道什么是善就必然行善，所行不善必然因为不知道什么是真正的善。因此，他的对话都致力于探讨正义、善等德性到底是什么。苏格拉底认为"未经审视的生活是不值得过的"，他从未停止对真理的探究。他至死不认为自己拥有智慧，永远处在对智慧的追寻之中。

（3）沉思的幸福

在《尼各马可伦理学》中，亚里士多德指出在适合自由人从事的活动——政治的实践和哲学的沉思中，沉思的生活更加幸福。他说："努斯的实现活动，即沉思，则既严肃又除自身之外没有其他目的，并且有其本身的快乐（这种快乐使这种活动得到加强）。所以，如果人可以获得的自足、闲暇、无劳顿以及享福祉的人的其它特性都可以在沉思之中找到，人的完善的幸福——就人可以享得一生而言，因为幸福之中不存在不完善的东西——就在于这种活动。"（亚里士多德，2003b）[307]

沉思的生活有这样几个显著的特征：（a）自为目的。假如一种事物、活动或德性是作为实现一种目的的手段，则它比起目的来说就是从属性的、低一级的，而追究到最后的那个目的只能是自为目的，从而也是最高级的。幸福就被视为这样的一种终极目的、最高善。政治的生活常常要追求职位、荣誉等外部的东西，但沉思的生活则因其自身之故为人喜爱，除了思想本身它并不产生也不为了任何外部的东西。（b）自足，不假外求。亚里士多德认为基本生活需要的满足是任何德性可能的前提条件，智慧也不例外。但智慧的人靠自己就可以沉思，相比之下，从事政治活动的人必须与他人打交道，否则他的政治活动是不可能实现的，公正之人总要别人来接受他的公正行为。虽然"有别人一道沉思当然更好"，但越有智慧的人也就越能够靠自己沉思，从而"比具有其他德性的人更为自足"。（c）包含快乐。亚里士多德宣称"合于智慧的活动是所有合德性的实现活动中最令人愉悦的，爱智慧的活动具有惊人的快乐，这种快乐既纯净又持久"。（d）包含闲暇。由于政治的活动总是指向外在的目的，所以它不可能有闲暇。闲暇是对亚里士多德来说非常重要的一个概念。它既是真正的自由人的标志，也是自由人的基本条件。（亚里士多德，2003b）[305-307]

好奇心（Curiosity）、热情（Passion）、兴趣（Interest）、满足（satisfaction）等都是我们今日理想化的学者所体现的品性。这些在古希腊的哲学家那里得到了清晰论述。

2.1.2 知识性质：形而上、自为目的的真理

对知识的理解是形成学者学术品性的重要方面。在柏拉图那里，"知识"与"意见"的区分至关重要，对西方两千多年的真理观产生了重大影响；而亚里士多德则更加全面地提出了自己的知识分类，赋予不同知识以不同的性质。

（1）柏拉图：知识与意见的区分

爱智慧的人所追求的目标——真理，即知识，在柏拉图那里，是有着特殊的含义的。他在《理想国》中用著名的洞喻和线喻区分了生灭世界与永恒世界，幻想、意见与科学、知识。

在洞穴隐喻中，人是在洞穴中被捆着面向岩壁动弹不得的，在其背后有赌矮墙，矮墙后有一堆火，一些人举着玩偶做出各种动作并发出声音，被捆的人终生只能看到投在岩壁上的影子，他们以为这就是真实的世界。直到有一个人的捆绑不知为何松动了，他回过头去，看到了这些举着玩偶的人，并沿着一条路上升，走到洞穴之外，来到太阳底下的真实世界。由于他的眼睛适应了幽暗的洞穴，现在必然感到刺痛眩晕，但他终于渐渐地适应真实的世界，可以自由地行动，看清周围的事物了。柏拉图用洞穴外的真实世界比喻永恒世界，太阳则是最高理念"善"，这是哲学家所进入的世界；用幽暗的洞穴比喻生灭世界，这是一般人所处身的世界。永恒世界中才有"科学和知识"，生灭世界中则只有"幻象和意见"。而那些专心致志于每样东西的存在本身（即理念）的人，才可被称为爱智者，即哲学家。

可见，柏拉图的哲学是超越于现实世界的，这与智者派的集大成者伊索克拉底截然相反。后者也认为有"知识"和"意见"的区分，但他认为知识不属于人，人所能做到的仅仅是在具体的情景中做出最佳的判断，获致一种实用的智慧。（张巍，2008）因此，伊索克拉底所教是服务于实际政治生活的以"演说术"为中心的教育，他重视训练学生口才，并且，与一般的智者不同，他还刻意培养他们的美德。伊索克拉底的认识是一种现实的和保守的态度，而柏拉图则超拔于现实，构建了一个理念世界，并认为这个世界才是真

实的，而只有通过辩证法（即哲学）人们才能进入其中。抽象的哲学思考被置于王者之位，哲学王也被认为是城邦最佳的统治者。

在柏拉图那里，这个理念的世界才是最真实的存在，哲学家才是最幸福、最自在的人。但为了城邦的整体利益，他不得不放弃有利于自己的生活，而返回洞穴之中，担任城邦的治理者。因此，在柏拉图那里，知识并不是为了治理城邦而存在的，知识是最高的存在，哲学家是观照理念世界的人，他回到城邦只是为了履行公民的义务，实现城邦的正义。

尽管对于何者为真、何者更真，不同的哲学流派有争论，但在苏格拉底与柏拉图那里，对知识和意见的区分体现了一种矢志不渝地求真的精神，他们绝不轻易满足于任何既有结论，总有将思想再向深处推进一层的冲动。"知识"在他们那里就是真理，追求知识就意味着不断破除谬误的意见，不断地批判他人和自己的结论。

（2）亚里士多德：思辨知识、实践知识与创制知识

亚里士多德十分强调沉思生活的自为目的性，这显然是当时社会状况在他的知识观、价值观中的投射。奴隶不具有人的地位，他们是为了自由人而存在的，在自由人眼中与动物无异。而自由人并不为任何人而存在，他们为自己而存在，因此是高贵的。同理，自为目的的生活也比为了外在目的的生活更高贵。根据沈文钦（2007）的总结，亚里士多德的知识观如下表所示：

表2-1 亚里士多德的知识观

认识的五种形式	知识类型	对应的人	目　的	目　的
智慧	思辨科学	哲学家	以知识为目的	为自身而求取
努斯				
科学				
明智	实践科学	自由民	以行动为目的	为后果而求取
技艺	创制科学	技师	以制作为目的	

亚里士多德认为人有植物性的营养和生长的机能，有动物性的感觉机能，有为人所独有的理性的机能。既然仅有理性是为人所独有的，那么理性也就是最能使人成为人的特质。理性的运用，如上表所示，可对应于三种生活——创制的生活，实践的生活，思辨的生活。创制科学对应的是工匠的生活，

被认为是鄙俗的；实践科学对应的是自由人的政治生活，是适合于真正自由人的，但只是次好的；唯有思辨科学是为自身而求取，是最好的。甚至，亚里士多德认为，这种自为目的的沉思，达到至纯的境界也就成了神性的，它是超越的和不朽的。由于任何人的灵魂总摆脱不了肉体，努斯在人身上虽然存在，却总混同其它的成分。但人越是能够过沉思的生活，也就越突出了人之不同于动物的独特之处，也就越接近于人的最高善——幸福。

事实上，从亚氏自身生活的选择来看，他也正是选择了沉思的生活，而非政治的生活。柏拉图的一生还与政治颇有纠葛，但亚里士多德则终身以求学、讲学为业，18 岁师从柏拉图，到 38 岁自立门户，创办吕克昂学园，终身以学问为业。虽然他是亚历山大大帝的老师，颇受尊重，亚历山大大帝东征途中亦帮他搜寻各种动植物标本与科学资料，但他却从未亲自参与政治实践。

2.1.3 学者身份：爱智慧的自由人

古希腊的哲学家表现出闲逸的好奇、真理的渴求、沉思的幸福这样的品性，既与他们对理性和知识的性质理解有关，也与当时的哲学家、思考者所处的社会地位有关：即他们是奴隶制社会中脱离了一般生产性劳作的自由人。

古希腊的奴隶制，如同我们今日的雇佣制度一样，在日常生活中被视为必需和有益的事物。亚里士多德认为主奴关系是自然的，如同灵魂统治肉体，或灵魂中的理性部分统治非理性部分一般，天生的自由人和天生的奴隶之结合对双方都是有益且正义的。在家庭关系中，亚里士多德将主奴关系放在夫妻关系、亲子关系之前，可见其对于维持一个自由人家庭的重要性。（亚里士多德，2009）[8-13] 正是由于奴隶承担了大部分的生产性劳作，自由人才能有闲暇从事战争、政治和哲学活动。

而哲学在雅典城邦中是少数热衷智慧的男性公民之间互相激发的友爱活动。一方面由于奴隶制使部分自由人从劳作中解放出来，一方面由于城邦的制度安排，使得在血缘和姻亲之外个人选择的友爱关系成为社会中一种重要的人际关系维度，家庭的地位不像在犹太文化或中国传统文化中那样占了绝对上风。苏格拉底在城邦中随时找人谈话，他的后半生几乎以"对话"为职业。对话被视为追求智慧的方式，苏格拉底认为在对话的过程中可使灵魂受孕，从而获得真知。现实中，柏拉图也是通过学园这种特殊的机构而实践其哲学的生活方式。由于苏格拉底在城邦中实践自己的哲学而被处死，学园成了一个安全的场所。年长者和年少者通过学园中的对话、交往而共同追求知识。

雅斯贝尔斯热情地赞颂了苏格拉底式对话作为一种最理想的教育方式。通过与照本宣科的经院式教育、以教师为权威的师徒式教育的比较，他指出在苏格拉底式的教育中，师生处于平等地位，双方均可自由探索，没有固定的教学方式，只有通过无止境的追问而感到自己竟对真理一无所知。他甚至指出，柏拉图对文字传达的方式评价不高，因它无法抓住两个活的思想在对话中擦出的真理火花。（雅斯贝尔斯，1991）[7-11,18-19]

今日表示学术研讨会的 symposium 一词，在古希腊正是会饮之意，是朋友间亲密的聚会，"一群醉酒之徒谈论自己最感兴趣的事情"。（柏拉图，2003）[140] 也正因此，希腊最早的高等教育便是通过朋友圈子和私人联系展开免费教学，只是随着智者派的出现，收费教学才大行其道，而智者一词也开始具有贬义色彩，他们被视为智慧的贩卖者、高贵技艺的走私犯。在哲学家那里，爱智慧的人之间的交往被视为一种基于友谊的活动，接受事后出于感激赠送的礼物是可以的，但提前标价、待价而沽的商业行为则为其所不齿。（Gaines Post，Kimon Giocarinis，Richard Kay，1955）因此，此时古希腊的哲学探索，超越了为个人谋取名利的实用目的，亦完全没有中世纪大学的种种规矩（如课程、考试、学制、学位等等），可谓自由人阶层中一小部分关心灵魂、热爱真理者自主、自发、自由的思考，他们也为自己的这种行为赋予高贵的色彩。

2.2 中世纪欧洲：基督教世界中的经院学者

SCIENTIA DONUM DEI EST, UNDE VENDI NON POTEST.
知识是上帝赐予的礼物，容不得金钱的玷污。

西罗马帝国逐渐衰败后，西欧进入蛮族统治时代，古典文明凋零。基督教出于传教的需要，成了古典文明和蛮族之间的沟通者，保存了部分经过精心控制的拉丁文化。爱尔兰的修道院以及本笃会修道院里的修士修女们抄写经卷，成为中世纪早期的文化守护者。在查理曼大帝推动的 8 世纪末 9 世纪初的加洛林文化复兴中，大量修道院和教堂开办学校，尽管加洛林王朝很快分崩离析，但教会的学术和教育传统持续了下去。但这种拉丁语的教育，素材局限于一些自由学科手册、百科全书及拉丁语作家和诗人的作品、教父哲学，欧洲人对希腊哲学与科学的认识直到 11 和 12 世纪才开始。11 世纪起的数次十字军东征，以及基督教世界对穆斯林占领的伊比利亚、西西里等地的重新征服，使拜占庭帝国和伊斯兰文明中所保存的古代典籍被翻译到西方世界，古希腊哲学和科学的重要遗产——亚里士多德全集——进入欧洲学者的视野，欧几里得的《几何原理》以及阿拉伯学者的科学、哲学作品都翻译到西方，成为西方学者整个中世纪中后期的精神食粮。在欧洲理智生活复苏的背景下，12、13 世纪，欧洲各地的青年人纷纷涌向巴黎求学，学生和教师的增加使得教师们得以组织成自己的行会，从国王、教皇、市政当局那里争取权利和保护，形成了巴黎大学的原型。

在南欧，意大利本土虽然历遭洗劫，但罗马文明总还有所遗存，加之意大利北部的蛮族王朝伦巴底事实上获得了更大的自主权，较少受到教皇和神圣罗马帝国的控制，南部的世俗化程度一直较北部高，地中海沿岸的优越地理位置也使得意大利商业和城市较早地繁荣，从而法学和医学知识由于城市社会的需要而逐渐发展起来。在南方，由于求学者多是年龄较大且为贵族出身或家庭富裕的人，因此，他们组成学生行会，雇佣老师，确保教学时间和教学质量，形成了博洛尼亚大学的原型。（拉斯达尔，2011）[66-72]

当时南北大学虽有一些共同点，如拉丁语在课本、讲座、辩论和考试中的运用，教授讲解亚里士多德的逻辑学、自然哲学和形而上学，但在组织方式、学科相对重要性、师生来源、教学层次上都有很大差异。意大利的大学提供的是今日意义上的研究生层次职业教育，学生毕业后主要担任律师、法官、行政官、罗马教廷人员、医生等；而北方的大学以文学院和神学院为主，提供的是今日意义上的本科通识教育（或欧洲文科中学的教育）和神学教育，文学院毕业生主要担任拉丁语学校教师，部分教师在大学文学院任教的同时攻读神学博士，以求最终进入教会谋得教士职位。（Grendler，2004）

由于今日美国的文理研究生院是对德国哲学院的移植，而德国的哲学院又是对中世纪文学院的改造，文学院又与神学院紧密联系，而且古代的哲学传统主要以经院哲学的形式在神学院得到传承，因此，这里，我们主要以阿尔卑斯山以北的大学为原型探讨一下当时的学者表现出怎样的学术品性，他们对知识的看法以及在社会上所处的位置。

2.2.1 学术品性：虔诚、道德与服从

14 世纪时一位毕业于巴黎大学的德国牧师，提出了作为学者的八条准则：

（1）不断学习提高自身，绝不未经准备而随意授课；（2）教学时应保证把时间都给学生，不随意因外部私务打乱教学时间；（3）教学中应该循序渐进，方法得当；（4）应该热爱真理胜过新奇说法，要能旁征博引而不标新立异；（5）坚定天主教信仰；（6）道德完善，因一个缺乏道德修养的哲学家显然不能做出明智的选择；（7）应该善于确保自己的收入，不致出门行乞、有失身份；（8）不应出于私情或收授贿赂而将不合格的人提升为学者。（Gabriel，1974）

从这里可以看出，对中世纪大学教师来说，良好的教学、坚定的信仰、完善的道德是一个优秀学者的主要标志。而好的教学，主要是负责任地保证教学时间、充分准备以熟悉课程内容。中世纪大学教学的一个主要特征就是趋向于使用一系列固定教材，如文学院使用亚里士多德的著作，法学院就是查士丁尼法典，医学院就是盖伦的著作，而神学院就是《圣经》和对圣经的阐释，教师与学生的主要区别是对文本的熟悉程度不同。也正由于这种教学特点，教学中的"标新立异"是不受欢迎的，任何"新奇说法"都有违背真理的风险，重要的是熟练掌握经典教材，从而做到"旁征博引"而不可随便发表自己的创见。

Gabriel（1974）总结中世纪大学理想学者形象时指出，当时的学者应该：有渊博学识与良好道德；以智慧的教学确保自己和听众得到救赎，不得逾越知识的界限；性格刚毅、行为稳健负责，保证授课时间；对组织规章和宗教/大学权威绝对服从；和平、谦逊，慈悲为怀，平易近人；以身作则，关爱学生；着装得体。其中所谓不得逾越知识的界限，主要是针对身为哲学家的文学硕士，他们不得擅自讨论神学问题，在就职礼上需就此宣誓，应时时注意不使知识走入歧途，被理性攫住而动摇信仰。中世纪一些很常见的争论包括：论辩和教学比之布道和传教到底哪个更有德性；文学院教师讲授那些吸引自己好奇心的问题，而非于救赎有益的问题，是否是严重的罪过等。

当时学者应该避免的是三种缺陷，即信仰的缺陷、智识的缺陷、道德的缺陷。信仰的缺陷即忽略自己的精神义务，龟缩在大学中而忽视在教堂和教区中的责任，教授空疏无用、于灵魂得救无关的知识。智识的缺陷首先是无知，其次是教学中犯错（主要是违反教会审查过的知识），再次是理智上的怯懦，在有钱有势者面前不敢坚持真理。在道德缺陷方面，主要批评傲慢自大、热衷荣誉、爱慕虚荣、收受贿赂、取悦学生赚取人气、从同行那里吸引学生、醉酒寻欢、与女巫做交易等。（Gabriel，1974）

可见，虔诚的信仰与完善的道德是当时学者的美德，对教会的服从是不言而喻的，在智识上则是照本宣科地教授数量有限的既定真理。知识服从于信仰，源于中世纪教育的教会性质。包尔生指出，中世纪的青年教育不是以知识和学识为主要目标，而是以培养意志和情操为主。教育的主要意义是塑造青年成为信仰坚定和态度恭顺的人，就是使他们相信教义、服从教会并忠于上帝、忠于人类。教育注重使青年们在那种讲求敬畏、讲求恭顺而不讲求理智探索和不准自作主张的氛围中发育成长。他们的学习方式是以恭敬的接受为主，学习方法就是用心死记和反复诵读所习的内容。在大学里，教学方式以讲座和论辩为主，但这种讲座主要是教条式的和解释式的，这种论辩主要是对既定真理的辩护，对三段论式的形式逻辑的运用。（鲍尔生，1986）[4]

2.2.2 知识性质：来自上帝的启示、恩宠和创作

中世纪对知识的态度是一种继承遗产的态度，学者们警惕地将外来之物和误解加以净化，然后评注和传授。（吕埃格，2008a）[370] "教师的基本职责是'读'，即发布他关于由教学大纲详细指定的教材的权威演讲。而文学院的教师主要面对年轻的学生，因此主要是重复性的教学，更少具有理智的挑战性。"（吕埃格，2008a）[169-170]

但无论如何，理性的力量是逐渐地发展了，到中世纪中晚期，"那个一度充斥着不确定性、神话和恶魔的世界，慢慢地显出清晰的轮廓，成为一个更易为人感知的世界——一个被上帝创造、被逻辑支撑、被人类理解的世界。"（本内特，2007）[314] 上帝创造世界，人类理解世界，理性和信仰之间的张力始终存在，基督教对拉丁语言和文化的利用是极为克制的，以免异教文化中有违宗教信仰和道德的成分被传播，但为了在传教中与人辩驳，他们又必须利用理性这种武器。到亚里士多德的哲学风靡欧洲时，托马斯·阿奎那将希腊哲学、圣经和教父思想融会贯通，成为调和理性与信仰的经院哲学之集大成者。他的观点也可以认为是中世纪学者知识观的代表。在其《神学大全》一书中，托马斯首先处理的正是启示与理性的关系，他驳斥了除了哲学学科之外不存在其它学问的看法，指出：

"为了人的得救，除了由人的理性所探讨的哲学学科之外，还需要某种根据天主启示的教学或学问。……因为由理性所研究出来的有关天主的真理，

只有少数人经过长时间才能获得，而且掺杂有许多错误；可是，人的得救完全有赖于对此一真理的认识，因为人的得救就在于天主。"（阿奎那，2008）[3-4]

可见，在中世纪人的心目中，人的救赎是第一位的，而得到救赎就依赖于对天主的认识，这种认识靠理性来获得是艰难且不可靠的，而应当根据天主的启示，即圣道。而此种超出人类理性的圣道（sacred doctrine）也是一种学问，并且"胜过其他一切理论和实践"，从而其它所有学问只成为圣道的"属下和婢女"。圣道的本分是去判断其它一切学问，其它学问中凡有与圣道这种学问的真理不符的，均被判为错误。（阿奎那，2008）[9-12] "奠基于人的理性的权威是最薄弱的，而奠基于天主启示的权威，却是最有力的"。因此，对于圣道来说，理性的权威是外来的和偶然的，而圣经的权威则是固有的和必然的，教会圣师的权威则处于二者之间，是固有的和盖然的。（阿奎那，2008）[16]

这就将圣经置于了无上的权威地位，是真理的第一来源，教会的圣师次之，理性则更加等而下之。如此，中世纪学者看重救赎，把虔诚的态度看得比质疑、批判、独立思考的态度更加重要也就顺理成章了。

不但是圣经的权威高于理性的权威，而且人的理智本身也是天主的造物，从而不但启示的真理来自上帝的直接赐予，而且依靠人自身的理性所得的知识也是上帝的礼物。"天主是理智能力的创造者"（阿奎那，2008）[138]，"理性的自然之光是分有的天主之光"（阿奎那，2008）[161]，"理智之光越强，认知就越卓越"。（阿奎那，2008）[165] 托马斯还进一步论证，单靠人的理智自身是无法看见天主的，"除非天主藉自己的恩宠，把自己与受造的理智联系起来，使理智可以理解，受造的理智便不能看见天主的本质或本体"（阿奎那，2008）[144]，而什么样的人才能获得这种恩宠、荣光呢？显然，只有善人。"认知天主的本质或本体，既是藉着恩宠，所以只有善人才有；可是，以自然理性认知天主，却是善人和恶人都能做到的。"（阿奎那，2008）[163] 可见，唯有善人、有德之人才能拥有更高的、更完全的知识——即藉恩宠所获得的真理。这就从获得真理的角度论证了道德的必要性。

2.2.3 学者身份：教士阶层的后备队伍

中世纪的主要社会结构，教士和骑士（许多贵族都是骑士，但并非所有骑士都是贵族出身）分别构成宗教领域和世俗领域的特权阶层，农民（包括农奴、佃农和自由农）以及城市兴起后的市民阶层（主要是商人、工匠等）

则构成了社会下层。中世纪早期和中期，在阿尔卑斯山北部，贵族尚武，接受的是骑士教育，不重学识，常常目不识丁；而农民和市民阶层则是在日常生活中通过实践学习，如工匠行会里有比较成熟的学徒制；唯有教士阶层成为主要的文化阶层。因为文理（arts and sciences）的教育是他们展开工作必须的手段，而掌握拉丁文读写、精熟教义是基本要求。大学兴起后，经由文学院和神学院的学习而进入教会谋得职务，也成为一种重要的社会升迁途径。中世纪的重要哲学家也都在某种程度上是一个神职人员。柯林斯评论道，中世纪大学是教会的堡垒，是培养神职人员和神学家的基地，大学的课程和学位等级与教会的神学和神职生涯联系在一起。（柯林斯，2004）[776-777]

因此，在中世纪的欧洲，硕士或博士头衔不仅仅是从教的职业资格，它还标志着一种社会地位。博士像贵族一样是"显赫人物"，他们拥有许多特权，包括免受拷打折磨的权力、在家提供证词的权力、在成为嫌疑犯时享受无罪推定的权力，甚至包括有权阻止建设遮挡其教学和研习场所光线的建筑物等等。（Clark，2007）[187]但随着获得学位者的增多，这种贵族性的地位也逐渐地被稀释了；而且，就任教师相对于担任法官、大臣和神职来说，还是处于较低的社会地位，常常是出身于中下层的人通过进入教师阶层来相对地提高自身的社会地位。（吕埃格，2008b）[181-182]

成为授人真理或学问的教师，已经不像古希腊那样是一种自由的探究和教学活动，而是要经过许多正式的程序。成为教师的程序经历三个阶段：第一阶段，经候选人教师的同意，候选人可向大学当局和校长，最重要的是向教长（本教区的负责人）提出申请。教长在硕士评审团的陪同下，检查候选人是否达到基本要求，包括对学习年限和品德操行的检查。第二阶段，是由教长主持、评审团参与下进行的一个"非公开"考试，候选人围绕一个"论点"答辩。通过了这两个阶段，他就被认为已经毕业，但却还不能取得任教资格。出于大学当局和教会当局争夺控制权的局面，他还必须再参加一次"公开的"考试，即"就职礼"，这通常只是一种仪式，在教堂举行，包括祈祷、演说并授予候选人硕士专用的象征物——四角帽、手套和书籍，表明候选人为其他学者所承认，被接受为他们中的一员。这是一种行会性质的行为，与骑士团授予骑士资格如出一辙。（吕埃格，2008a）[160]

同时，在思想活动上他们也不像古希腊的哲学家那样无拘无束。硕士或博士作为学者虽然是权威，但他们是虔诚的教徒，是教士阶层的一员，对上帝的虔诚始终是第一位的。这样的社会身份使得中世纪的学者即使表现出探究的精神、质疑的火花，但从根本上，虔敬和美德才是他们最关心的，准确地传承上帝的启示是更重要的任务。为真理献身本质上是为上帝服务，因为一切真理都是上帝所赋予，也唯有通过上帝的启示才能获得，人类的理性在其中发挥的作用也在上帝的仁慈之内。

2.3 19 世纪德国：理性王国中的精神贵族

17 世纪，整个意识形态由基督教转向现代实验科学及其理性分析逻辑，而现代科学及实验方法最早是在大学之外做出的。在科学革命和启蒙运动的一片对进步的向往中，大学被视为一个保守落后的机构，许多有创造力的人离开了大学，如莱布尼兹、莱辛、伽利略等。大学进入一个低谷期，入学人数持续减少。大革命后，法国干脆废除了作为旧制度之一部分的大学，代之以培养实用专业人才的大学校和专门从事研究的法兰西科学院。这是当时的主流思潮。但历史阴差阳错地使大学这种机构在德国获得了新生，并形成了它的现代性格——研究性。到了 18 世纪末，大学在德国又恢复了在学术上和科学上的地位。

1694 年创立的哈勒大学被视为欧洲大陆第一所现代大学，也是普鲁士振兴的新基石。在此之前，无论是新教大学还是天主教大学，都以教会肯定的教条为教育原则，但从哈勒大学开始，思想自由和教学自由成为基本原则，现代哲学和科学跨进大学，大学不再是沿袭传统教条的学校，成了领导整个学术界进行创造性科学研究的基地和真理的拓荒者。（鲍尔生，1986）[79-80] 受到哈勒大学的鼓舞，德国北部汉诺威的哥廷根大学于 1737 年成立，该大学有良好的图书馆，历史科学、法学和政治学享有盛名，在语文学方面的研究开一代新风。哈勒和哥廷根的教育实践，唯心主义哲学在德国的发展，崇尚希腊文化的新人文主义的兴起，最终在柏林大学的教育理念中得到了集中总结，洪堡大学理念享有了世界性声誉，一种新型的学者形象以耀眼的光芒出现在历史上。

2.3.1 学术品性：原创、自由、纯粹、才华

（1）原创（Originality）

原创性是德国现代大学中学者学术品性的核心特质。教授已经不仅仅是传授过去最优秀的知识，还必须创造新的知识，当时德国大学普遍的观点是

只有真正的研究者才能做好的教师，自己本身不能创造知识则难以胜任大学教学。这是一种革命性的思想，在风格保守的英国，科研一直到相当晚近都不被认为是教师的主要职责，即使是有出色学术成果的学者也会以教师自居。但在德国，受到启蒙运动自由运用理性的鼓舞和新人文主义复兴古希腊精神的振奋，封闭、确定的知识体系为开放、无限的知识体系取代，教条和解释的态度也被探索和创造的态度取代，学术被认为是尚未穷尽且永远无法穷尽的，学者就要研究未知、探索新事物、不断地逼近真理、增加新的知识。不但每一位学者有责任增进知识，而且大学生也应当以一种独立思考、批判研究、创造知识的态度去学习。于是，originality 一词从源头、本源的意思转化为原创的意思。

中世纪两种最主要的教学方式——讲座和论辩都发生了改变，以往根据标准教材照本宣科的方法被系统讲述个人富有创见的研究成果的学术报告所代替。而为肯定某项既定真理的传统的论辩方法也被研讨课上的讨论所取代，在这里对学术进行独立探索是被鼓励的，新颖的观点是受到欣赏而非压制的。（包尔生，2009）[53-54]

（2）自由（Freedom of Inquiry）

在与宗教和国家权威的对抗中，学术自由的理念自哈勒和哥廷根大学时代起就已经为德国大学所标榜，德国启蒙主义代表人、哲学家沃尔夫就已经强调了自由的重要性。哈勒大学被称为"自由的殿堂"，认为学说和著述的自由是所有精神力量得以发展，所有科学得以繁荣的保证。如果说近代早期的学术自由要与宗教权威、教派支配做斗争，到了 18 世纪末 19 世纪初，学者们则主要是从国家和政府的干涉中争取学术的自由。

康德在其《系科之争》中通过对神、医、法三个高级学院和低级学院哲学院的性质做区分来论证学术自由对后者的必要性。他认为高级学院是政府的工具，他们涉及政府关切的公众事务，培养实务人士，因而政府有权审查其知识，也应当以稳定的、权威的经书为依据，即圣经、法律条文和医疗规章。但哲学院则只关切于科学本身，该系科并不发令，但拥有对一切知识进行评判的权力，因为哲学是涵盖一切知识的。思想自由对追求真理的哲学院来说是必须的。一个人不可能发自内心地因外部命令而认某事为真，而只能依据自己的理性来判断。

斯特拉斯堡大学 1872 年新上任的校长斯普林格对教学自由做了这样的解释：“科学的首要和神圣的权利便是研究的独立和自由。谁也不能为其规定目标，为其崎岖的道路事先规定方向。……科学如果没有无情检验一切和无畏地进行尝试的权利，它如何能发现真理？”（陈洪捷，2006）[78]

（3）纯粹（Knowledge for its own sake）

与英法两国 16、17 世纪以来对待科学的经验主义、实用主义精神相反，德国大学复兴了古希腊的纯学问观，知识的纯粹性和求知态度的纯粹性成为此一时期德国学者的重要特征。

1789 年，30 岁的席勒在耶拿大学的演讲中提出了谋生型学者和哲学型学者这样一对概念。他反对大学生为了谋得好的官职、追逐名利而求知，而推崇那些以学术本身为目的的学者，指出他们治学是为了“拓宽学问的疆域，探索学问之间的相互联系”，因而绝不抱残守缺，惧怕学问的更新给自己带来的威胁，反而永不满足地追求学术，致力于达到科学殿堂的中心。（陈洪捷，2006）[17-18]

谢林 1802 年所做关于大学学习方法的讲座中也谈到，大学应该以致知为根本，应该成为“纯以科学为目标的联合组织”，不去追求实用利益，因为“科学一旦被用作手段，不以自身为目标，科学作为科学便不复存在”。（陈洪捷，2006）[21]

洪堡认为大学兼有双重任务，即科学与修养。而洪堡所言的科学指的就是纯科学，它不追求任何自身之外的目标，只进行纯学理的探求。科学是达至修养的天然适合的活动，但它并非为修养而存在，而是有其独立的价值。（陈洪捷，2006）[30]

这种纯科学观使得科学活动与学者的生存意义密切相关，几乎成为一种信仰，追求学问被视为“一种至高无上的道德义务，一种至高无上的人生状态，甚至具有一种使人得以永生的神圣性”。（陈洪捷，2006）[74]

因此，在这里，学术纯粹性既是指科学知识本身具有独立存在的价值，不应受到宗教、政治、经济等因素的干扰；同时又是指学者应该具有“为学问而学问”的职业伦理，将其视为一种天职，为了学术而存在，于求知之外别无目的。（沈文钦，2006）

（4）才华（Charisma）

改革后德国大学教师的聘任需要有研究产出、勤于教学并且具有可接受的政治观点与生活方式。但为了获得成功，学者必须谋求"声望"，必须获得外部的"赞誉"和"认可"，而这种声望的获取必须依靠学术作品。中世纪大学的口头学术文化渐渐被由出版物所编织的学术声望代替。但 19 世纪的德国尚未形成今日量化评估的体制，尽管学术发表已经十分重要，但作品的质量、声誉，即作品所体现出的作者的才华，才是至关重要的。

Clark（2006）[14-17] 的分析指出这种个体学者的学术魅力是对理性的一种卡里斯马式美化，因而不采取循规蹈矩的形式，不能被规则导向的实践、训练或规训所生成，它是一种天纵之才。卡里斯马是平庸琐碎、拘俗守常、凡胎浊骨、碌碌无为的反面。这是现代大学对学术人格的浪漫主义崇拜。研究型大学实现了一种在理性化氛围下的对少量超凡人物的培育这样一种"动态平衡"。

谦逊曾是中世纪学者的美德，从同行那里争抢学生被认为是不道德的行为，但在德国，作为编外讲师的叔本华却将自己的讲座时间和讲座题目故意与黑格尔重合，试图以自己的才华和魅力吸引学生，以建立声望。

2.3.2 知识性质：自由、开放、批判、整全的哲学体系

德国学者致力原创研究、崇尚学术自由、醉心纯学问、追求才华横溢的特点与这一时期形成的新的知识观有关。经过文艺复兴、宗教改革、科学革命和启蒙运动，宗教权威逐渐失势，中间阶层的崛起和学术思想的活跃，使人们对古代经典的态度也发生了变化：如果说旧人文主义是对古代语言的呆板模仿，那么新人文主义则是对希腊进行的活的研究。希腊文化在德国发生了重大的影响，"凡确定从事学术工作者不可不攻读希腊语文，否则将遭到无法弥补的损失。"（鲍尔生，1986）[89]

康德的《论系科之争》是系统阐述这一时期知识观的开山之作，也是代表作。他开篇即指出大学里的学术研究是按照"劳动分工"的模式来组织的，"有多少种科学的专业，就设置多少种公共教师——即教授"，他们结合成自治的学者共同体，即大学。而系科是较小的学术共同体，依据学术的主要专业而加以区分，他们负责学生的招募和学者的招募。

康德区分了大学中的学者与科学院中的学者和社会上受过高等教育但从事实务的知识分子。大学中的学者是学者行业工会中的成员，是一种职业的

身份；而科学院或科学学会中的学者则仅是作为爱好者，以个人的身份从事研究，并且只处理学术研究整体中的一部分；神职人员、司法人员、医生等知识分子，则被认为是政府的工具，常常会把大学里学的理论知识都忘掉，只记住实践工作所需的经验性知识，而这对他们来说是足够的，并且由于他们对公众负责，因而必须接受政府的监管，而不能在公共领域完全按照自己的想法自由地运用知识。

如此一来，康德就将大学学者之总体界定为一种涵盖整个学术研究领域的、内部有专业分工的、具有行业工会性质的学术共同体。他们不是个人爱好者，也不是实践者、技师。

接下来，康德对系科的一般分类，即分为三个高级系科（神学院、法学院、医学院）和一个低级系科（哲学院）做了一种新的阐释。三个高级系科是政府最关切的，通过它们会对民众产生持久、强大的影响，从而政府需要对其内容进行审查；但低级系科则是只关切于学术本身的，对其知识的批准应当留给学者群体的理性去裁决，该系科可以持有任何他们认为是好的命题，并且有权对一切知识进行评判，拥有追求真理的自由。高等系科的实务人士（神职人员、司法人员和医生）是政府任命的公职人员，因而不享有学术自由，哲学家才享有学术自由。

康德笔下的哲学系是充满力量和勇气的。他写道，如果高等系科胆敢跨入哲学的领地，则"后者将毫不掩饰地拔掉它那为政府所庇护的鲜亮羽毛，并且以平等和自由为立足点来处理它们"。（康德，2005）[65]哲学系科一方面以一种与政府划清界限的方式确保自己的独立性，保持一种恭敬的距离，但康德显然是不满意"哲学系"作为低级系科的，尽管他在言辞之中继承了这种传统用法，但他说哲学系具有这么大的优点（自由）却被称为是低等的，不过是因为"人的那种天性：一个能下命令的人，即使是另一个人的恭顺仆人，也认为自己比一个自由却无人可命令的人优越"。（康德，2005）[63]可见，高等系科之所以高等不过是攀附了权力的尾巴而已，理性作为实践之主人的观点几乎已经言明了二者在康德心目中的关系。哲学在康德的思想中是自由、自足、高贵且与权力保持距离的。

康德对高等系科的认识是，它们被用于政府的目的：若按照理性，首先是关于每个人的永恒福利，其次是作为社会成员的公民性福利，最后是身体的福利；若按照自然本能，则是反之，医学最重要，延长人的生命；法律次之，保护人的所有物；最后（几乎只是到人快死的时候）才是神学，祈祷来世福祉。康德在这里事实上用轻描淡写的句子也颠覆了人们对三个高级系科的次序之认识，即神学院高于法学院又高于医学院。在一个以"自然本能"即世俗化的优先次序的排列中，其顺序刚好相反。那"几乎只是到快死的时候"才向神职人员求助也绝非戏谑之谈，中世纪的贵族常常是平生吃喝玩乐、打打杀杀，仅在临死前剃度进入修道院为上帝服务。

正由于高等系科是作为政府的工具，他们的学说建立在"经书"的基础上，一个稳定的、可以为民众接受的规范体系。在神学院自然是圣经，在法学院则为国家的法律，在医学院则是医疗规章。即便经书中可能存在由理性导出的成分，但理性在这里并不重要，重要的是经书，是以外在的立法者的命令为基础。而对经书的解释，无论多么权威，都没有任何的权威性，而是随时代而变的，只是学习经书的工具。康德所描述的这种状态正是一种中世纪的教学态度。

包尔生指出，"旧大学的教育建立在这样一种假设上：真理是已经确定的东西，教学只是传播真理，管理当局的职责就是监督教学，以避免教授错误的教义。"（包尔生，2009）[48]康德在这里，是把旧大学视为真理的东西，用"规范"或"命令"替换了而已。经书的地位未变，但性质已经变化了。"真理"成为哲学系的专用名词而被赋予了新的含义：即真理不是既定的，而是有待于人自由地运用理性去发现的。新大学的任务就是使学生具备发现真理的能力，并指导他们完成这种使命。

如果说中世纪学者把理性附骥于信仰之下，康德则以彼之道还施彼身，将神学软禁在信仰的围墙内，不得逾越半步，否则就跨入了哲学家的领地。由于在新教德国，教会已经失去了作为圣经权威解读者的地位，神学家只能依靠超自然的启示了，他既不能靠德性（人自身的道德能力）也不能靠理性（人自身的理智能力）来解释圣经，只能依靠恩宠来理解，恩宠的获得只能依靠信仰，但一种转变心志的信仰之获得反过来又得依靠上帝的恩宠。神学家就这样被康德限定为圣经文本忠实但可怜的宣读者。既然神学家们将理性等而下之，康德就干脆剥夺他们运用理性的权力。一旦运用理性，他们就不再是"纯粹的"神学家，就"为理性和哲学声名狼藉的自由精神所沾染"了，也就要接受哲学家自由而平等的批判。（康德，2005）[67]

法学家的情况，按照康德的理解，则要好过神学家，因为有一个可见的权威的法律解释者，即法官、法律委员会或者就是立法者本人。但这种现世性也带来了法典的不稳定性和未完成性。

医生是一种艺术家，它的行为规范并非像神学和法学那样来自上级的命令，而是出自自然的本性。因此康德认为医学学说事实上"应当属于哲学系的范畴"，从而也就比另外两个高级系科更多地享有自由，政府没有审批医学学说的权力，而只有"通过建立药房和医疗设施帮助这个系科的实务人士展开公共服务"的权力，即在"医疗民政"上有所作为。（康德，2005）[69]

哲学院则被认为是自由的，只处于理性而不是政府的立法规范之下，因为它必须为它所要接受或承认的学说的真理负责。哲学系科有权要求检审一切学说的真理性。哲学院包括两个部门，记述性的知识（历史、地理、学术性的语言知识以及人文学等等由关于经验知识的博物学所能提供的一切都属于这个部门），纯粹理性的知识（纯粹数学和纯粹哲学，关于自然及道德的形而上学）以及学术的这两个部分之间的交叉关联。因此它覆盖了人类知识的所有部分，为了科学的利益而把它们作为检审和批判的对象。

康德的《论系科之争》是为哲学辩护的经典之作，将哲学从跟在神学后面为其提起裙裾的角色变成了走在神学前面为其高擎火炬的角色。这也赋予了"知识"或"真理"以自由、开放、批判和整全的性格。

2.3.3 学者身份：突出重围的学术英雄

沈文钦（2006）指出，德国学人致力于理论的研究，谨守寂寞的信条，远离社会的尘嚣，铸造了一种属于学术人的独特生活样式。根据 Ringer（1978）的统计，对 1830-1930 年间英、法、美、德四国权威名人录中收录的人物职业分布进行比较，发现在德国 44.5% 的名人都从事学术职业，而这一比例在英国为 20.1%，在法国为 16.2%，在美国为 14.8%。而对 1830-1930 年间名人父亲职业的统计则发现，在德国 25.5% 的来自工匠、小商人，其次是企业家、技术员（15.9%）。因此，学术职业于 19 世纪在德国获得了较高的声望，成为社会流动的重要鹄的。

这种形势与当时德国的社会和教育状况有关。19 世纪初的德国尚未统一，是分散的各个邦国，不像英国和法国有伦敦和巴黎这样的政治经济文化中心，因此，低等职业者分散各地，力量较弱，不可能像在英国那样以自治法团推动改革。同时，德国依然是封建王权实行专制统治，而不像法国已经通过大革命废除了旧制度，因此知识分子也不能完全信任政府。由于有才华者既不能像英国中产阶级一样从事商业，又无法像法国知识分子一样参与政治，传统的牧师职业经过宗教改革在薪水和社会地位上已经大不如前，于是大学教师成了少数有吸引力的职业之一。但旧大学是为神、医、法三类高级学院所把持的，而当时的德国知识分子主要是哲学家和人文主义者，他们对广博的学问和条理化的思考更感兴趣。在这样的社会情境下，德国知识分子力图改革大学，提高哲学院的地位，创造稳定的工作机会和施展才智的空间，因此，他们不是要废除大学特权，而是要保留并分享这种特权。（Ben-David，1992）[13-14]

攻读法学就任政府公务人员自然也是一条上升途径，但法学教育要昂贵得多，主要是上流的中产阶级、城市贵族的孩子、富有的商人和公务员去学习。对这一群体来说，好战的骑士行为方式依然保留着，酗酒、寻欢、决斗是家常便饭。（柯林斯，2004）[778] 成为学者的过程是艰苦而充满不确定性的，没有足够的才华、持久的热情和持之以恒的努力很难完成，因此不会成为上流社会的首选。

改革后的德国大学已不再授予学士学位，仅授予博士学位，因文科中学的发展，学士学位的授予被中等学校毕业考试所取代，因此，大学生需保持至少三年的学习、通过严格的口试，最终提交能显示其研究才能的博士论文。然后，想要从事学术工作的人，还须再花两年功夫提交一篇"讲师资格论文"，这篇论文的难度通常比博士论文更大，通过后申请人可称为"编外讲师"，以讲课费为生。最后，当有教授或副教授的空缺时，他们可以进入相应职位，获得政府发给的工资并收取听课费。（鲍尔生，1986）[202-203] 编外讲师常要在一定时期内保持单身以便集中精力从事学术，他们的平均结婚年龄比工人晚 6-7 年，比医生、法官和人文中学教师也晚 3 年。由于讲课费收入微薄，他们也常常需要忍受清苦的生活。以至于 20 世纪初的一位德国教授说，这条道路"无论如何是一种经济上的牺牲，这样，只有那些有内在使命感的人才会进入这一职业"。（陈洪捷，2006）[98-99]

因此，韦伯称"德国的学术职业完全是建立在金钱支配的前提上，一个并无钱财以抵御任何风险的年轻学者，在这种学术职业的条件下，处境是极其危险的。"（韦伯，1998）[18]康德、赫尔德、费希特、谢林、黑格尔、荷尔德林，几乎全都来自不太好的社会背景，他们都有做私人家庭教师的经历——康德做了 9 年，费希特做了 10 年，黑格尔做了 7 年——以等待一个大学职位。康德一直等到 46 岁才获得教授席位，黑格尔也是如此，而荷尔德林根本就没有得到学术职位。柯林斯评论道，要得到学术界的职位比在哲学方面提出自己的观点还要艰难。（柯林斯，2004）[789-790]

因此，在 19 世纪的德国，成功的学者有着足够的光环和荣耀，学者群体也为社会所认可，但通向职业学者的道路却是艰难而崎岖的，每一个成功者都可称得上是一个突出重围的学术英雄。

2.4 20 世纪美国：专业社会中的体制化学者

20 世纪美国人头脑中大学的典型形象是：以一个小型本科生院为中心，围绕着它是各个学系组成的文理研究生院（Graduate School of Arts and Sciences，相应的教师团体称为 Faculty of Arts and Sciences），以及开展学士后教育的各种专业学院（Professional Schools）。这种大学形态的塑造发生在美国内战以后，特别是 1890 年以后的三四十年间。在此之前，美国的高等教育机构是散布于美国大陆的受宗教支配的小型学院，它们教授古典语言和数学等简单、固定的课程，教学方式以课堂记诵为主，流行的教学理念是"心智规训"（discipline of the mind）。从英国式的教学型学院成长为今日的研究型大学，美国正是创造性地继承了德国大学的改革，哲学院在美国以文理研究生院的形式存在并大大扩展了规模。

19 世纪中期，关于美国大学应该是什么样的有激烈的争论。当时有三派观点：第一种可称为保守派，即认为大学就是保存人类全部知识的场所，应该在各地复制小型学院；第二种观点可称为激进派，即将目前的学院改造为享有学术地位和学术自由的大学，包括增加科目，改变机械的教学法；第三种可称为折中派，即在本科生学院的基础上添加研究生院，如果可能学校设施也向未被录取的学生开放。吉尔曼经过多年尝试，最终选择了第三种方案，并在实践中大获成功。（Cordasco，1960）[14-15]约翰·霍普金斯大学的成功使其成为了研究型大学的"原型和传布者"。克拉克大学（1889）、斯坦福大学（1891年）、芝加哥大学（1892）相继创办，哈佛、哥伦比亚等老牌大学也纷纷进行学术重组，到 1900 年，授予博士学位的大学达到 14 所，并以此 14 所大学为基础形成了美国大学协会（AAU），其最初意图主要就是为了规范哲学博士的培养。

伯顿·克拉克（2001）[137-143] 在其《探究的场所》一书中对这种"立式大学"或曰"研究生院型大学"评价积极，认为这种美国式的制度创新使得学系与研究生院联姻，为大学在横向和纵向上的扩展都提供了空间：横向上，可以不断增加新的学科领域；纵向上，可以增加更高的学位级别。19 世纪最后二十年开始，各种学系相继成为大学的组成部分，使大学可以灵活地扩展科研和研究生教育的范围。这种扩张和分化的趋势贯穿了整个 20 世纪，如今研究型大学中的学术性项目（program）可多达数百，分散在各个学系，并共同隶属于文理研究生院。两次大战期间私人基金会对科研的资助，以及二战后联邦政府大规模资助科研，都被称为美国历史上的学术革命。帕森斯称"科学研究与研究生教育"为美国大学的核心功能，认为文理研究生院是认知理性得到最充分体现的部门。（Parsons, Patt, 1973）[103] 本节的讨论主要以美国现代大学中培养哲学博士（Ph.D.）的文理研究生院为背景。

2.4.1 学术品性：服务真理，学术自由，理智诚实，追求卓越

美国芝加哥大学著名的社会学家、思想家爱德华·希尔斯于 1982 年发表的《学术道德》，是对美国高等教育经历二战后的大众化、60 年代的学生运动和 70 年代的财政紧缩之后，立足大学传统、面对日趋复杂和不断变化的形势，对大学教师使命与职责的重新梳理和阐明。因此，此文可视为 20 世纪美国大学背景下对学者学术品性的一种理想表达。

希尔斯将"发现和传播真理"视为大学教师职业的根基："大学拥有一项特殊的任务，那就是有条不紊地发现并且传授那些关于严肃的和重要的事物的真理。这项任务的一部分就是要增强学生的理解力，并且训练他们以批判的态度和方法去评价和检验他们的信念，从而使他们所信仰的东西能够尽可能地远离谬误。发现和传授真理是大学教师的特殊职责，正如照顾病人的健康是医务人员的特殊职责，在法律许可的范围内保护当事人的权利和利益是律师的特殊职责一样。"（希尔斯，2010）[1]

因此，在希尔斯看来，大学教师是"系统地和专门地追求知识的人"，其首要的关注在于"对知识之真实性的关注"，"大学教师的责任内在于他们通过系统的研究和合理的程序（包括观测方法、证据法则、逻辑推理的原则）来追求、获取、评价和传播知识的权力之中。"（希尔斯，2010）[5-8]

大学教师负有对学生、同事、大学、学科和社会的各种义务，但所有这些特殊义务都来自于这一基本职责，即"要在他们的研究、学习和教学中探索真理，认真评价那些被作为真理而传授下来的知识，并且培养和传播一种积极追求真理的理想"。（希尔斯，2010）[35]

为了实现这一基本的职责，大学教师必须享有学术自由和保持诚实谦虚的美德。在希尔斯看来，大学自治和学术自由的主要理由在于"大学教师所传授和发现的各种知识的正确性只有通过这些在长期的深入研究中掌握了它们的人才能得到检验"。（希尔斯，2010）[7]对于一位大学教师来说，"他必须坚持他的自由研究权，即可以自由地研究他所认为的一切重要问题"。（希尔斯，2010）[37]同时，由于人类知识中存在大量的灰色地带、尚未探明的领域、尚无定论的问题，要求大学教师必须"勤奋工作、善于判断、小心谨慎和自我约束"以便"服从理性的思考"而非"顺从个人的喜好"。（希尔斯，2010）[35]

伯顿·克拉克长期研究美国高等教育，著作等身。在对不同学科、不同机构中的学者进行了大量深入的访谈之后，克拉克认为尽管大学教师分散为一个个小世界，但他们依然有基本的共同价值追求，在对理想学者品性的描述中呈现出了共性特质。克拉克描述的学术职业意识形态主要体现为：求真（In Service of Knowledge）和自由（Ideology of Freedom）。而为不同学科学者共同认可的学术价值取向包括：有效的学术生产和教学（Productive Scholarship and Effective Teaching）、开放探究（Open Inquiry）、理智诚实（Intellectual Integrity）、对学术卓越的追求（Respect for Quality）。（Clark，1987）[115,122]

2.4.2 知识性质：基础科学与应用科学的张力

如果说德国大学的创新使得教学与研究统一、学术自由的观念深入人心，那么美国大学在19世纪下半叶以来的不断发展变化则使得大学与政府、企业和社会的关系日益紧密，大学成为社会的轴心机构。美国大学一方面继承了德国大学追求高深学问、严谨探究和强调治学的学术精神，另一方面又在国防安全、经济发展、科技进步、社会改革等诸多关键领域中发挥着日益重要的作用。如果说纯粹科学、为自身而求取的知识背后是德国哲学家谋求学术地位和学术自由、争取理性的独立地位的努力，那么应用科学、为人类福祉和社会进步而求取的知识则是自1862年《赠地法案》以来美国大学不断卷入社会服务的历史进程的产物。二战期间军事-工业-学术界的联合所发挥的巨大潜力更加使得大学被政府和产业界高度倚重。但无论基础科学和应用科学的边界如何日渐模糊，也无论大学在追求知识和服务社会二者之间可以如何做出协调，二者之间的张力关系始终存在。布鲁贝克在其《高等教育哲学》中即以认识论的和政治论的高等教育哲学为理解和检视美国高等教育的基本线索，并且他认为"尽管对高等教育来说，以德国研究大学的哲学为榜样的价值自由的认识论的逻辑非常具有吸引力，然而历史看起来明显有利于高等教育的政治论哲学。"（布鲁贝克，1987）[29]

在实用主义思想传统强大的美国，需要为自身辩护的似乎一直是基础科学，而非应用科学。早在 1883 年，美国科学家罗兰在《科学》杂志上的一篇文章就在讨论这一问题，还特举中国为反例（Rowland，1883）："我时常被问及，科学与应用科学究竟何者对世界更重要，为了应用科学，科学本身必须存在，如停止科学的进步，只留意其应用，我们很快就会退化成中国人那样，多少代人以来他们都没有什么进步，因为他们只满足于应用，却从未追问过原理，这些原理就构成了纯科学。……当其他国家在竞赛中领先时，我们国家能满足于袖手旁观吗？难道我们总是匍匐在尘土中去捡富人餐桌上掉下的面包屑，并因为有更多的面包屑而认为自己比他人更富裕吗？不要忘记，面包是所有面包屑的来源。"

二战后参与塑造美国联邦政府科技政策的万尼瓦尔·布什本身就是基础科学和应用科学融合的典范：作为发明家，他发明了当时最强大的模拟计算机；作为企业家，他曾参与建立多个科技企业；作为教育家，他多年担任麻省理工学院的副校长；作为科学管理专家，在第二次世界大战中，以他为首的科学研究与发展局极大地发挥了科学家与工程师在军事技术上的作用。尽管他相信基础知识和应用知识的融合，但他依然担心战争使国家耗尽了基础科学的资源，战后他主导的《科学——无尽的前沿》这一政策咨询报告正是为了促进联邦政府在基础科学事业上的持续投入。

希尔斯认为，大学教师在选择做什么研究时，必须以是否可以促进基础知识的发展作为至关重要的标准，而研究成果在实际运用中的价值则只是作为补充性标准。他坚信，"通过增进基础知识，即通过研究来深化人类对自然、人、人的作品和社会的认识，大学完成了自己最基本的社会责任。"（希尔斯，2010）[68]

从杜威（1916）的实用主义知识观看，知识是人类生存的工具，存在总是动荡不居、命运未卜的，人类在这种不确定性中寻求着确定性、建构着确定性，确保自身的长存。因而，这种工具主义、实用主义的知识观并非一种从纯粹知识向凡俗日常的退却，而是致力于打破两个世界的隔阂，建立生活世界与科学世界、物质世界与精神世界、大众阶层与精英阶层之间连续性的努力。

2.4.3 学者身份：学术职业从业者

张斌贤（2004）认为，受到德国大学的影响，以及美国国内经济社会领域中出现的职业化趋势和知识领域中出现的学科化趋势的影响，美国学术职业化的进程始于 19 世纪 70 年代中期并于 20 世纪初基本完成。从此，职业化的学者成为大学教师的主体，哲学博士也成为大学任教的主要资格证书。1914年美国大学教授协会（AAUP）的成立被视为学术职业化完成的重要标志之一。如今，美国高等教育系统是一个规模巨大、复杂多样的体系。根据美国国家教育统计中心的数据，美国有学位授予权的高等教育机构中，1970 年有 44.7万教师，其中全职教师比例为 77.8%，到 2017 年，教师总人数达到 154.3 万人，其中 53.2%为全职，女性占比为 49.6%。（NCES，2018）

伯顿·克拉克将分权、多元化和合理的无序状态视为高等教育的独特性所在。（克拉克，1994）[300] 但他也依然在多样化的学术世界中寻找着学术职业的内在逻辑，克拉克认为，伴随着美国高等教育的扩张和分化，也在激烈竞争中出现了高等教育机构的层级化；并且由于科学和学术本身的不断专门化，研究生变得比本科生更重要，哲学博士学位比学士学位更重要；这又进一步使得美国高等教育系统出现一种应激式增长，在"精英"大学承担学术发展的使命时，"大众"型大学则主要服务于学生的需求。（Clark，1987）[261-262]

希尔斯也列举了二战以后大学的一系列新发展和新挑战——大众型大学、服务型大学、政治型大学、政府主导的大学、官僚主义的大学、研究型大学、寻求公众关注的大学、分崩离析和人心涣散的大学，但他依然深信"大学教师可以克服年龄、职责、身份和专业上的差异而形成一个献身于学术事业的共同体"。（希尔斯，2010）[13]

在一个多元的学术体制中，尽管不是所有的大学和所有的大学教师都以研究为主，但研究带来的声望和地位依然是"黄金标准"。阿特巴赫认为，问责和评估使得大学教师日益失去了教学、研究和安排自己时间的自主权。"对各种学术成果进行评估的压力是相当沉重的"，"高等教育领域权威的钟摆已经从教师转到管理人员和官僚体系上"。（阿特巴赫 等，2010）[81-82] 就研究型大学而言，发表文章的多少和获得研究经费的数量成为大学教师聘任和晋升的主要标准，而那些致力于在竞争激烈的高等教育系统中提高自身地位的大学自然也会不断提高对教师科研产出的要求。

但从积极面看，高深知识依然是大学的立基之本（布鲁贝克，1987）[11]，也是大学自治和学术自由的根基，如希尔斯认为"实行大学自治的主要理由并不是为了维护传统和保持社会组织的多元化，而是因为大学教师所传授和发现的各种知识的正确性只有通过这些在长期的深入研究中掌握了它们的人才能得到检验。"（希尔斯，2010）[7]

在一个日益复杂分化、竞争激烈、科层化、建制化并且与外部世界关系日益紧密的学术世界中，学者越来越需要在自由探究的学术理想和外部评估的压力、社会服务的需要之间平衡自我定位。

2.5 小 结

学术品性尽管表现在个体身上，但其来源及养成过程则是社会-文化的。为此，本章简要梳理西方历史上几个典型时期学者的学术品性，并试图从该时期的知识性质、学者身份两个方面来解读何以此一时期会出现此种典型的学术品性。在不同时期，表现了不同力量之间的张力，古希腊尤其表现为理论沉思与实践活动的张力，中世纪表现为理性与信仰的张力，19 世纪德国表现为哲学与谋生的张力，20 世纪美国表现为求真与致用的张力。

今日，学术职业化使得个体的理论生活本身成为谋生手段，政府、企业和社会也对大学有诸多要求。学者的求真与致用、思考与谋生、研究与教学、发表的质量与数量之间的种种张力关系如何处理，是每一位学者和致力于成为学者的博士生都难以回避的问题。

本书余下章节将以中美博士（生）访谈数据为基础，从受访者关于自己如何走上读博道路、读博期间的学术经历和未来职业预期的自我叙述中分析中美博士生在学术品性上的异同。分析中会考虑学科差异，但主要致力于提取跨越学科差异的共同特征，并试图发现中美之间最具比较价值的突出差异。

第 3 章　上路:读博选择中的学术品性

选择攻读学术型博士学位是一个重要的人生决策。在中国，由于专业博士学位设立不久，因此，"读博士"本身一般就意味着攻读学术型博士学位；在美国，由于有文理研究生院和专业学院的分野，有哲学博士和其它类型博士学位尤其是与第一专业学位的区别，"选择研究生院"（go to graduate school）意味着攻读学术型博士学位。这种决策在两国的情境下对受访者各自意味着什么？他们是如何走上攻读 Ph.D.的道路的？本章通过访谈数据和相关文献回答这一问题。

在访谈中问到你如何走上读博的道路时，笔者并没有给过多的限制，而是会告诉受访者，你可以追溯到自己认为相关的时候，如家庭背景、以往的教育经历、重要的人和事等。对这部分数据进行分析时，笔者发现中美的博士生所讲的故事风格截然不同。

3.1　美国：兴趣导向的道路选择

哈佛大学研究生院为 Ph.D.编写了一本《学术的追求：研究生阶段职业发展指南》[1]，在其第一章第一节"学术的开端：在某一领域成为学者的决策过程"中，梳理了走上学术道路的一个三阶段"理想模型"：第一阶段，某个主

---

1 SCHOLARLY PURSUITS: A GUIDE TO PROFESSIONAL DEVELOPMENT DURING THE GRADUATE YEARS, Eleventh Edition, by Cynthia Verba, A publication of the Graduate School of Arts and Sciences, Harvard University, Copyright © 2012, by the President & Fellows of Harvard University. http://www.gsas.harvard.edu/images/stories/pdfs/scholarly_pursuits.pdf

题或领域激发了你的兴趣，给你带来愉悦，你知道自己愿意在这个领域走得更远。第二阶段，这种满足和愉悦逐渐增强。你发现自己学得越多，越想学。你的兴趣更加聚焦更加强烈。除了注重学术文献中的想法，你也开始看重自己的想法。第三阶段，你开始陷入对某个特定领域的沉思，它渐渐占据了你的兴趣和注意力。想到今后在这一领域工作，你不会感到受限，反而体会到兴奋激动和无限可能。至此，你大概已达到了成为一名学者所需的那种动力和热情。

在这个模型中，我们注意到"学术兴趣"是几乎是唯一被强调的因素。学术兴趣应使你感到"愉悦"、"满足"，这种兴趣应逐渐变得"强烈"和"聚焦"，逐渐地产生"自己的想法"，达到高度的专注，并最终形成明确的职业志向。

那么，美国的博士生们在自我叙事中是否也如此强调对学术的兴趣？事实上，几乎所有的美国受访者都谈到了自己选择攻读 Ph.D.是出于内在兴趣，数据中浮现的一个模式是人文社科的学生倾向于在比较中去描述自己智识热情的确认，而理工科的受访者则往往讲到自己从小就对科学感兴趣。

Aaron 是非裔美国人，他父母在美国工作，而自己从小跟外公外婆在加勒比地区长大，受访时是 C 大学哲学系五年级博士生。他从 13 岁那年开始讲述自己的故事：

> 我最初并不是学哲学的。我以前学神学的。因为 13 岁那年，我开始信教，我想成为一名牧师，一名清教牧师。13 岁以前，我没有考虑太多信仰方面的事情，但是那年我读了一本书，让我相信了这个世界上真的有上帝。于是，我决定要当牧师，这跟我父母没有什么关系。我想跟其他人分享我所感受到的东西，我想让他们也了解上帝是真实的。所以中学时我学习成绩非常好，但当时我并不觉得自己很学术，我只是想当牧师而已，教育只是我实现自己目的的手段。
>
> 进入大学后，我开始了解到自己的智识态度（to be aware of my intellectual attitude），我发现自己乐于做抽象思考。比如，我的同样想当牧师的同学们，他们会更关注实践的方面，如布道、社区服务等；但我对智识方面、认知方面更感兴趣，于是我读了很多书，除了[学校要求的]宗教经典以外，我还读了希伯来经典、希腊经典等

等。认识到自己跟同学的区别，发现自己的这种智识上的热情之后，我就想或许我可以成为一名神学教授。所以，在大四那年，我不再信仰上帝了。

Aaron 选择 13 岁作为自己叙述的起点，因为他的学术之路是思考取代信仰作为职业和人生寄托的过程。有趣的是，无论信仰的发生还是思考的胜出，都是源于"看书"——从"一本书"到"很多书"。他在自己和同学那里发现了理论态度与实践态度的差别，于是他的志向也从牧师变为神学教授。他也谈论教育作为手段和目标的区别，他在这里埋下一个自己彼时只将教育作为实现目标的手段的伏笔，是因为现在教育对他是目标本身，"你想成为博学之士（knowledgable），仅仅因为学问本身"。

Aaron 继续跟我解释为什么自己放弃了信仰：

> 我们的大学是一所新教大学、基督教大学，所以大学主要的学习内容是圣经，但我并不是只读学校提供给我们的书，我会去读任何我想读的书。后来我越来越觉得我之所以信仰上帝是因为我想要信仰上帝而不是因为上帝真的存在。我相信来生的存在，只不过因为如果人死后什么都没有了实在令人失望，所以我希望有来生，但这不意味着真的有来生。所以，我意识到我之所以信仰基督教，是因为这是我想信仰的东西，而非真理。我想，真理应该依赖于证据。于是，信仰显得有点不负责任了，人们信仰的东西并没有多少证据。从理智角度讲，你相信某事多少应该依赖于证据的多少。于是，我就产生了疑问。

由于自由而广泛的阅读，他开始了质疑和反思，最终相信"真理应该依赖于证据"，悬置信仰，走上了寻求"真理"的道路。本科毕业后，他到了哈佛大学神学院攻读硕士，他说自己这时已经不是作为一个信徒去学习，而是以人类学的视角试图了解基督徒的信仰——"为什么人们会信仰基督教呢？"

在哈佛，由于学校的开放选课政策，他选修了一门哲学课程并受到老师的鼓励，他的学术兴趣转移到了哲学上，对苏格兰哲学家休谟发生了兴趣，于是来到苏格兰的圣·安德鲁斯大学读了哲学硕士，然后他申请到美国 C 大学的奖学金，在此攻读心灵哲学方向的博士，继续自己的学术之路。他对 C 大学的选择除了得到奖学金之外，也有明确的学术指向性，他说这里的哲学系所做的工作是分析哲学中比较偏重概念分析而非实证研究的，因此更合他的口味。

教育哲学专业的 Ron 的故事很相似，他中学时代的理想是成为一名律师。Ron 是英国人，父亲是外科医生，对儿子的教育非常重视，当他看到刚上小学的 Ron 整日与同学厮混而无心学业时，亲自给儿子出了一套考题，Ron 被难倒了，父亲严肃地告诉他：我给你一年的时间好好学习，别再胡闹，否则到时我会把你送到寄宿学校去。Ron 没有把父亲的话当真，结果一年后父亲实践了诺言：

> 最后，我真的被送到寄宿学校去了。9 岁那年我开始上私立学校，我爸是希望我好好利用这个教育机会，将来有好的职业发展。因此呢，青少年时期，我想到未来自己做什么的时候，一般都会觉得我很可能会成为一名律师。所以，到了要申请大学的时候，我已经下了决心要干律师这行了。这个是一个声望很高但门槛也很高的职业。我中学时学习很不错，所以才有可能走这条路。

尽管做律师的志向很坚定，但 Ron 并没有直接去读法学院，由于中学时代对古典文学和哲学也有兴趣，他打算先读三年哲学的本科，然后再进入法学院。他觉得"除了本科期间，今后再也不会有机会学习哲学了。读完哲学可以再去做律师，我可以带着这份知识；而且哲学跟法律也还是有关系的，因为哲学理应让你有更强的分析能力。"另外，Ron 说自己赶上了英国大学免费的末班车，父母不必承担他本科期间的学费，这也给了他更大的自由来做决定。

Ron 顺利地按照自己的规划进入了法学院攻读研究生，然而在这里，他的人生发生了一个巨大的转变，他发现自己根本无法适应这里的学习氛围：

> 后来，我进入法学领域之后，我发现自己很讨厌它。因为，我当时所在的法学院是全国顶尖的，所以在这里学习的学生也都是毕业于顶尖的大学，是很聪明的人，但至少在我看来，他们没有充分利用自己的教育优势，他们不能或者说不愿意去认真思考法律本身，或者说任何与他们的职业生涯无关的事情。
>
> 比如，在我们物权法的第一节课上，教授说，我们都觉得自己知道什么是财产，这是为什么我们坐在这里学关于财产的法律，但是我们真的知道什么是财产吗？比如，你如何有权力说，这个东西是我的、它属于我？然后学生们会说，这根本不重要啊。法律说是你的，就是你的了呗。

　　类似这样的对话经常发生。因为他们根本不愿意去思考法律的基础，但他们这些人却要占据重要的位置，对他人的生活发生决定性的影响，一个人可能会因为听了他的建议而倾家荡产。我觉得律师不应该是这样培养的。

　　我所写的大部分东西都是分析性很强，来看法律本身的问题，试图批判性地看待事物。然后他们就说，如果你想这样学法律的话，那你大概应该去做一个法学教授，而不是做一个律师。你到底想做什么呢？我说，那看起来我并不真的想做一个律师。我对理论性的东西更感兴趣。

　　而且，老实说，如果学理论，我更愿意回到哲学。于是我给以前的哲学教授写信，问他他觉得我应该怎么做，是不是应该再拿一个哲学的学位看看怎么样，是不是要在学术界工作。他们说，我们就觉得你可能会再回来读哲学的，你绝对有能力做好，至少在研究生阶段没问题。而你读研期间的经历也就能回答关于你是否要进学术界的问题了。于是，我离开了法学院，重新学哲学了。

Ron 的叙述中出现的那位物权法教授是穷根究底的学术人思维方式，但却遭到了法学院学生的鄙夷，因为在 Ron 看来他们并不关心"与职业生涯无关的事情"。这种实用态度使因受到哲学的熏陶而更具理论思辨取向的 Ron 感到无法忍受。批判性地看待事物是他已然习惯了的一种思维方式，他不能把任何事情视为理所当然、毋庸置疑。事实上，我们的谈话长达三个多小时，期间他尖锐地批判了英国和美国的诸多社会现象。

Ron 不仅仅是发现做律师不对自己胃口，此后在银行咨询业的一段经历让他认识到公司文化也不适合自己：

　　英国的学制是一年三个学期，我第一个学期结束就离开了[就读的法学院]，所以我还有两个学期空着。于是我在银行咨询业工作了一段时间，这听起来好像也是一个非常不错的职业，但是我却再次发现它简直出奇地无聊。我迫不及待想要离开了。这时候我还在伦敦，所以跟朋友们在一起还是蛮开心的。但这段经历，使我更加意识到我不想做那种普通的公司工作，我想做一些跟学术有关的工作，你可以把这个理论应用于那个理论，思考事物之间的关系，批评事物、分析事物。所以，下一个学年我就进入了研究生院读哲学了。我当时真是充满了热情啊。因为我把一切——上课、做作业、与教授交流——都看做是难得的机会，简直是一种特权，所以我想这跟你直接从本科到研究生，都学得厌倦了有很大不同。我是真心想学习。这段经历非常宝贵。我在研究生院表现非常出色，并且为以后奠定了一个基础。

Ron 以"杰出毕业生"的身份获得了这个硕士学位，决心继续自己的学术之路，此后便来到美国攻读博士学位，他在 C 大学的教育学院攻读教育哲学。

Aaron 和 Ron 都是对哲学感兴趣的，人文学科在当代美国大学整体上处于弱势，职业机会和预期报酬远不及实用性强的学科。因此，选择在人文学科的道路上走下去是一条必须经过深思熟虑，确定自己有强烈兴趣才会产生的行为。这也是为什么 Aaron 和 Ron 都详细地描述自己的"转变"经历，他们最初的选择在各自的社会情境中是更加无需辩护的——成为牧师或成为律师，他们自然地享有社会地位、声望、物质回报，但选择哲学则常常颇有不少故事在其中。

经济学专业相对于哲学更加"热门"一些，但该专业的 Mary 也谈到了法学院与经济系的比较。她说由于父母都有研究生学位，因此对自己来说，本科后继续深造似乎是顺理成章的事情。但本科四年级的时候她曾在法学院和经济系之间考虑，由于自己本科所参加的辩论队里认识的一些人最后成为律师，但却过得并不幸福，她决定选择研究生院。"我觉得幸福与否和你所做事情的意义更相关"，"这里的人都很有好奇心吧，想要了解很多事物，能够选择自己感兴趣的、想要回答的问题"，"如果我真的在乎挣钱，我会选择法学院或者商学院"。Mary 谈到"幸福"、"意义"与"挣钱"的对比，她更注重前者，这种自我表达在美国博士生，尤其是人文社科博士生那里经常出现。

教育经济学专业的中国留学生林菲说自己是在国内读硕士期间做了一些实习，包括本科也做了一些业界的实习，最终觉得自己的性格还是更喜欢思考，于是决定出国读博士，走学术研究的道路。

但有时候找到自己真正喜欢的道路并不那么容易，你可能要经过更多的尝试和比较。Issac 来自荷兰，他中学时学习兴趣就十分广泛，选课对他成了一个难题，因为"觉得对这些课程都很感兴趣，要做出抉择很难"。中学毕业后，在他的经济学老师的建议下，他选择了计量经济学专业。此时欧洲的教育体制尚未改变，本科与研究生阶段不分。大一结束后，他需要选择一个专业，由于计量经济学在他看来太过狭窄，他选择了知识范围更广的公司金融。"大学时候面临的是同样的问题[感觉很难做出选择]，我不知道这个问题具体是怎么回事，但总之我兴趣比较广泛。"于是，他在商学院大楼旁边的心理学系旁听课程。他并没有拿心理学的学位，上这些课只是因为觉得很有意思。大学期间，由于一些机缘巧合，他在一所中学担任代课教师，后来也曾在公司实习过。最后，他爱上了教师这个行当。并且在欧洲高等教育改革后，修了一个"商学与经济学教育"（Teaching Business & Economics）的硕士学位。他说："这个时候，我终于知道自己到底对什么感兴趣了。随着我增加自己在学校的工作时间，我对教育和教学越来越感兴趣了。所以，在我还没毕业的时候，我就接受了这所学校的一份全职工作。"谈到教学为什么这么吸引自己时，他说：

> 我觉得是那种和所有的学生以及同事之间的关系比较吸引我吧，你致力于儿童发展，帮助他们成长成熟。比如我做班级辅导老师，需要做家访、见家长，跟他们讨论学生的成绩和进步，讨论孩子们跟朋友的争吵之类的事情。几乎什么事都要关心。所以青少年时期的各种问题你都要去面对。能够在他们的成长中扮演这样的一个角色，支持他们、帮助他们度过这个时期，……当他们给我送圣诞卡或者做别的什么事的时候，我真的非常感动。我觉得这些事比在公司里挣更多钱重要太多了。而且，在学校里，我跟同事们的合作也非常密切、非常愉快，他们当中的很多人到现在还跟我是好朋友。

从此，教育成为 Issac 人生的主旋律，他从事了几年教学工作之后，出于一些综合的考虑——包括女友的工作地点，自己想要出国的意愿，自身的知识背景，对教育事业的强烈兴趣等，他选择了到美国来读教育经济学的博士，学更多的知识，为荷兰的教育发展做更大的贡献。

所有的访谈对象中，历史专业的 Bill 经历最为复杂，他所尝试的行业和领域最为多样和深入。访谈一开始，他语速极快，一气呵成地给我讲了自己的背景：

　　我来自波士顿，美国东北部，父母都是学术人。我母亲是生物化学家、医生，她在哈佛医学院当教授、做研究；我父亲也是科学家、医生。我妈妈做的是基础研究，分子生物学，她已经去世了。我父亲是内科医生，既做研究，也在医院里医治病人，他也是哈佛医学院的教授。我在剑桥的一所公立小学读书，然后在波士顿上中学，到哈佛读的本科。本科毕业，我拿到了美国政府的富布莱特奖学金，到新加坡读书。毕业后，我在香港的一家投资银行工作，作为亚洲、台湾、菲律宾等地区的投资项目经理。然后，我用在银行工作挣到的钱在世界各地旅行了一年，跑了中国、印尼、拉美等地。再之后，我来到 C 大学读了法学院，1991 年毕业，读书期间我利用暑假在很多不同的律所工作过，而且在高年级的时候还当过一两个夏天的记者。毕业后，我没有去律所工作，而是回到了亚洲，因为我在银行工作时的老板办了自己的风投公司，他邀请我去香港与他共事。他还在伦敦开了一个剧院投资和电视制作公司，所以我还去了伦敦一年，帮他打理这个公司。之后，另外一个朋友让我帮忙运作他的政治竞选活动，所以我又去了洛杉矶，最终他赢了这次竞选。但之后，我没有进政府工作，而是开办了自己的公司，向中国等亚洲国家销售欧美电视节目。这个公司成功之后，我又开办了一家咨询公司，帮助欧美的电视传媒公司向亚太拓展业务，包括日本、印度、澳大利亚等各个国家。我差不多做了 7 年，最后，我把这个公司卖给我的一个客户了。然后我又在波士顿开办了另外一家公司，然后给当地议会捐建了一座图书馆，这个时候我决定回来读完我的 Ph.D.。因为我当时注册的事实上是法律博士和哲学博士双学位项目。但之后我忙着在亚洲做生意，直到我觉得有点想念学术界，而且我觉得想写一本书了，我想我最好到大学里，在别人的帮助下完成我的书，这会比自己在图书馆单干更好。这就是我为什么回来读博士的原因。大学很棒，一旦你被录取，然后注册了一个学位项目，你的资格就永不失效。像我，出去了，但什么时候想回来都可以，所以我现在就回来了。

Bill 说他的人生信条是，想做的事情就去做，不要只是想。他像一个探险者一样尝试了各种不同的行业和工作并有所作为，最后简单地因为"想要写一本书"而返回学术界，不像 Aaron 和 Ron，他在访谈中并没有表现出在"实践"和"理论"之间倾向哪一方的态度，只是认为回归学术是当前这一时期自己最想做的事情而已。但他对比商业界和学术界的异同时依然强调学术界会面临更大的智识上的挑战。在商界工作需要做事有条理、为人可靠、充满自信，你可能需要协调员工关系、推销公司产品、与各种人交往，但"你不需要去解释法国大革命爆发的原因是什么，而这实在是相当复杂的事情"。所以，他认为"在商界做智识上令人满足的事情机会很少"。

应用物理专业新入职的助理教授 Carl 将自己读博的缘起也追溯到本科时代在通用汽车公司的实习经历，公司的管理不善、效率低下以及工会与管理层的政治斗争等都使他感到这里"简直一片混乱"，"太官僚、太臃肿、节奏太慢了"。他说：

> 我以前可真是从来没想过要读研究生的。我就是想赶紧毕业，找个工作。而这个合作教育项目对我产生了巨大的影响，我了解了好多以前不知道的事情。……在那段经历之后，我就觉得，天哪，我要永远待在学术圈里。这就是我想到研究生院读书的原因，我需要得到必要的教育以便待在学术界。因为在我看来外面的世界真是一片混乱。

> 你在研究生院至少可以做做研究，解决一些问题。你可以更加独立地工作，而且我觉得你受的教育越多，就可以做越有趣的事情。那些受教育程度低的人干的工作说实在的没啥意思，都是些没啥价值的项目。但你受到更多训练，就可以干更有趣的事情了。即使在通用汽车公司也是如此，其他的比如航空公司之类的都是如此。而且，你读博士又不需要交钱（在科学和工程领域），别人反而付给你钱让你读书。这显然是笔非常划算的生意。就算我最后发现自己并不是那么喜欢学术界，我也还可以到工业界工作，挣比本科毕业多得多的钱，承担更加重要的责任，做更加有趣的项目。

数学专业的 Amy、应用数学专业的 Brandon 和实验物理专业的 Peter 则是在中小学时期就已经发现了自己对数学或科学的兴趣。

Amy 说小学的时候父母努力帮她找一些更难的课程来上，而她觉得数学是最难的，所以，她有机会在数学上受到了更加超前的教育。高中的时候她就已经到 MIT 参加了关于纽结理论（Knot Theory）的高中生暑期研究项目，而这机缘巧合地也成为了她读博士期间的研究方向。她说，"那时候，我总觉得自己应该在数学方面能够走多远就走多远。或许有一天，太难了，我不得不停下，但如果这种情况没有发生，我就会去读一个 Ph.D.。"她说尽管数学是生活中的主旋律，但她还是希望探索自己在其他方面的兴趣，本科时期她选择了数学和政治学两个专业，但最后发现自己还是"修了很多数学课"，本科毕业后，她拿到了奖学金去牛津大学攻读了一个社会学硕士，但所做的研究也跟数学理论有很大关系，于是最终，她又回到美国的 C 大学攻读数学的博士。如今，她已经在一所常青藤大学做博士后研究，她的数学之路还会继续走下去。

Peter 也谈到了科学的难度和挑战性使中学时的自己着迷：

> 我记得我是高中时候开始搞科学的，那个时候这么做就只是因为科学课是最难的，[当时感觉]其它东西都不够有挑战性，后来我上了物理课，然后我觉得"到底怎么回事？这玩意儿太难了！没人能明白怎么回事。"我就是喜欢这种挑战。我会去找老师问问题，然后我意识到其实他也不懂，他不断给我们错误的答案。这算是一种激励吧。做科学很有挑战性，我很喜欢。这个过程中也遇到一些对我有影响的人，但我想真正让我走上科学道路的是这个。

应用数学专业的 Brandon 说"或许我应该从我小时候讲起，我想我一直对数学和科学很感兴趣。我参加过科技作品展（Science Fair），一直喜欢数学"。他说自己的母亲是小学教师，父亲退伍后从事建筑行业，虽然他们都没有接受过科学方面的训练，但是都"非常尊重科学"，并鼓励儿子好好学习。他说小学的时候就参加过一些夏令营活动，做科学实验。

> 初中的时候参加过一个全国性的科学奥赛，但当时我们只是在州里比赛，并没有去参加全国的比赛，我记得当时我做了一个模型塔，要用最少的木材来支撑最大的重量之类的。这是一个，还有一个地球科学的比赛，那个基本上就是参加一个考试。还有定向越野（orienteering），根据一些指示，跑来跑去，分辨各种树木啊什么的。

> 我觉得另外一个让人对于科学问题感兴趣的因素是花很多时间探索大自然。我小时候，经常和父母一起徒步旅行，于是我就经常

思考世界为什么是这样的、各种事物的起因是什么之类的问题，我想这也是非常重要的。

他说初中的时候跟同学们有很多共同兴趣，但到高中的时候因为全家搬到了一个农业镇上，那里的学校不太好。

> 也因为如此，我高中时候就在当地的一所社区大学里选了很多课。所以我就不得不一个人做很多事。我跟 C 大学这边的人聊天的时候，我觉得他们高中时候来自父母和学校的推动力是很强的。对我而言不是如此，我自己去社区学院选课，我觉得相比于大部分人我是自己在推着自己往前走。

高中毕业后他到了华盛顿大学攻读本科。在这里，他拿了数学、物理和应用数学三个学位，还辅修了环境科学。我说这种情况应该是很少的吧，他说确实如此，他之所以能做到：

> 部分是因为高中时候上的一些大学的课学分也可以转过来。所以，我一方面上了很多课，另一方面也转了一些学分。这种情况很少。我的课业非常重。一般情况下每个学期 15 个学分就好了，有时候我能上到 24 个学分。我们是学季制，一年四个学期。

Brandon 似乎性格有些内向，访谈一开始他有点拘束，每个问题都要仰面思考一会儿，然后简短作答。但当我问及这四个专业里他最喜欢的方向是什么，他几乎是毫不犹豫地做出反应，并且打开了话匣子：

> 我最后最喜欢的是应用数学。本科发生了一件对我而言非常幸运的事情，前两年我主要在学数学和物理，那个时候并不太了解应用数学是干什么的，最后发现自己最喜欢的是这个。我博士也读的是应用数学。而且明年我将要去 UCLA 工作，也是做应用数学，是在数学系，但是做的工作是应用数学。让我真的开始热爱应用数学的，我想是我跟 K 教授一起做过的一个研究项目。我记得在一个数学日（小孩子们来到大学参观，听教授和研究生给他们讲解各种科学问题）上，我是志愿者，而 K 教授是给中学生做讲座的人之一，中午我和他一起吃饭，聊天的时候他问到我是否有兴趣跟他一起做研究，这大概是我本科时代做的最美妙的一件事了。

> 于是我就开始跟他一起做研究了，整个夏天我都在做这个项目，到了秋天，这个教授带着我和另外一个学生一起去悉尼待了一个学

季，这段经历对我而言非常宝贵。我现在还跟这位教授保持联系，我觉得他对我的职业选择等都有很大的影响。

> 他很棒，非常聪明，做事极其专注，精力充沛。他一旦决定自己想做什么，就会义无反顾地去做。他非常喜欢旅行，所以他就找到了一个把旅行和职业结合起来的办法，他到很多学校去做研究，或者开展合作。我觉得这对于学术圈的人是很重要的，使得他们能够跟更多人交流。而且这种生活方式对我也很有吸引力。他研究的问题都非常的……我想很多人研究数学是因为数学问题本身的美，他对此也感兴趣，但是他研究的问题一般都会有各种实际用途。这对我也很有吸引力。我觉得对我而言，如果一个问题的研究最后能够产生某种价值，那我会更加有动力。

他说自己小时候就一直觉得一定要上大学，但那个时候大概还没有想过要读博士。"我想我认真地考虑这件事大概是从跟着 K 教授一起做研究开始的。（停顿了一会儿）他非常鼓励我读博，甚至告诉我我应该申请哪些学校。"

和 Brandon 一样，Alston 也是在本科期间遇到了将他领上科学道路的关键人物。Alston 父母都是教授，本科在普林斯顿大学，毕业后到 C 大学攻读博士学位。他说自己曾对历史感兴趣，希望攻读这方面的学位，但大一上学期一位老教授的纳米科技研讨课，改变了他的一生。

> 本科时候我在普林斯顿。他们有为一年级新生开设的 seminar 课程，目的是引导学生探索他们感兴趣的不同领域。我选了一个纳米科技的研讨课。我现在做的也是纳米方面的研究。那门课的教授有 85 岁了，他属于那种难得一见的超会当老师的人。我不知道他是不是一个伟大的科学家，但是他真的是一个非常优秀的老师。……他人非常好，大一上他课的时候，他会让我们玩电子显微镜，那是个很酷的仪器，我非常喜欢。我意识到我喜欢待在实验室里玩各种科研设备，所以我得做一个科学家，因为这是我最喜欢的事情了——用有趣的仪器，来看通常看不到的事物。

他说，"当然后来还有其他的教授对我有影响，使我保持着对实验室工作的兴趣，但是我觉得我之所以现在在这里做着这样的研究绝对是大一时候那位教授的影响。""他很能吸引同学的注意力，很风趣。而且他已经当教授当了快 60 年了，也有足够的时间来使自己成为讲课的大师。"

　　Aaron 和 Ron 事实上也谈到了老师对自己的影响。Aaron 在哈佛神学院学习的时候，选了一些哲学课来上，当时有位教授给了他很大的鼓励，他转而在哲学领域深造即与此有关，直到他来到 C 大学读书，该教授依然远程指导他的论文。而 Ron 之与哲学结缘，也受到了中学时代两位热爱古典学问的教师的影响，他说那个时候晚上他会去他们的房间，一起读一些哲学经典。这两位老师都是剑桥毕业，"超级聪明，在人文方面阅读很广，懂希腊文和拉丁文"，虽然当时自己对哲学的理解还是很浅薄，但是这两位老师给了他一些直观的认识。

　　总之，无论是像 Aaron 或 Ron 一样从牧师、律师的职业计划转而走上学术之路，或者像 Amy、Brandon 一样从小就培养起对数学或科学的兴趣，无论是自己在尝试和比较中发现和确认，还是受到个别教师的激发和引导，在美国博士生关于自己如何走上读博道路的叙事中，兴趣的发生乃至兴趣的找寻、确认都是重要的因素。获得奖学金、有优秀的学习成绩、获得更高层次的教育等因素也都被提及，但这些并不像兴趣一样被广泛和深入地谈及。固然，没有奖学金他们可能根本无法追求自己的学术兴趣，没有良好的学习能力和知识基础他们也无法进入研究生院，但是，在有能力、有条件的前提下，假如没有兴趣，那是没有必要读 Ph.D. 的。如 Alston 说做物理实验对自己来说就好像"玩乐高积木"，是很享受的事情，但假如对科研没有兴趣，"做这件事觉得很痛苦，很受折磨，那也不必去做，那样你也不可能真正做得好"。

3.2　中国：成绩决定的机会分配

　　如果说在美国受访者那里，"兴趣"被视为攻读 Ph.D. 的最重要动因，那么在中国大学里一个典型的不同于美国的情况是，越是精英大学，本科毕业直接深造越是被视为一个默认的选项，只要资格达到，很少有人不选择攻读更高的学位，而这种资格也并不难达到。我们以 2011 年 A 大学本科毕业生的实际就业去向与美国哈佛大学的大四学生计划就业去向对比，就能够发现明显的差别。在 A 大学，72% 的学生选择了继续升学（出国或在国内）；而在哈佛大学，则是 70% 的学生计划选择工作（全职或兼职）。这种显著的差异意味着相对美国名校，中国名校的本科毕业生一般倾向于获得更高的文凭之后再进入就业市场。需要考虑的主要是升学的具体路径——出国留学还是国内升学，保研还是考研，读硕还是读博。

表3-1 2011 年国内 A 大学与哈佛大学本科毕业生就业去向（意向）的对比

国内 A 大学（2011 年）		哈佛大学（2011 年）	
国内升学	47.48%	全职工作	61.80%
出国留学	24.51%	继续深造（全日制）	19.00%
拟继续升学	1.63%	旅行	10.70%
就业	16.99%	未定	9.70%
灵活就业	8.62%	兼职工作	8.80%
回省待就业	0.63%	其它	8.30%
去向未定	0.16%	志愿服务	6.40%
		注册其它教育项目	4.60%
		继续深造（非全日制）	1.9%
		参军	0.60%
		成家	0.60%

数据来源：A 大学数据来自于学校就业部门统计资料；哈佛大学数据来自官方网站公开资料。哈佛大学的数据加总超过 100% 是因为允许选择多项。尽管有这一差异，但这里并不影响总体趋势的分析。

　　李建是 A 大学某工科院系的博士生。谈到自己走上读博道路的经历，他说高中时自己平时成绩还不错，但高考没太考好，估分估高了 40 多分，报考了 Z 大学，属于最后一名勉强录入。而报志愿时"也是比较盲目，挑最好的报的，结果录取的时候肯定是最次的专业了"，这个专业是"化学工程与工艺"，同宿舍的同学全都是调剂到该专业的。由于 Z 大学的政策是排名年级前 30% 可以转专业，因此，他和宿舍同学一入校就抱着转专业的念头，大家一起努力学习，最后成绩都挺好的。在第二次的专业选择上，李建说：

　　　　当时第一次考试全系考第三名，看转专业转什么好呢，就看我报的时候那几个最好的专业，然后当时我报的信息通信类的只要前 3% 的人，所以我是将将够，第 4 名我就去不了了。所以我当时说别浪费了，就报了这个了。

　　由于大一时化工系的数学课比通信系的数学课要容易，因此李建大二成绩中等，大三刻苦学习，终于把成绩提上去了。他除了参加体育活动，并未参加其它课外活动，因为"一门儿心思想把考分考好"。接下来，就是在保研和出国之间选择，李建说自己"最想出国"，而当时 Z 大学的出国形势也很好，"那年去好学校的特别多"，最终保送 A 大学是受到家人的影响：

> 我有一个表姐是在 A 大学读直博，然后我舅就说来 A 大学挺好的，环境什么的、学术科研氛围都挺好的。当时我也不太懂嘛，我爸妈也都不太懂。我爸是大学本科学历的。他文化大革命那年，77 年第一届考大学，辽宁大学。他学外语的，他也不了解什么情况，我爸觉得出国好一点，毕竟我大舅他是在高校工作，他的意见我们都比较听。他说要不你就保送来 A 大学这边试试呗。

> 当时我大舅给我意见的时候已经开始报名了。我之前没有跟老师做任何联系，也是抱着试一试的态度，如果失败了的话就出国。就是当时系里的系主任我直接报他了，后来才发现有点专业不对口。当时来不及了嘛，就报系主任了，感觉系主任不会太差嘛，就报了。

保研李建首选的是读硕士，但为了确保被录取而改为直博。

> 外校来 A 大的，硕士名额竞争特别激烈，当时觉得自己也没什么优势，面试之前跟老师沟通过一次，他说你们 Z 大学来我们这里的好像不是很多。他就说你们这个基础可能没什么优势，你可以谨慎想一想。[于是我]就没去跟他们争那个硕士名额。

总的来看，无论高考后的专业选择、转系时的专业选择，李建都没有谈及个人兴趣，选择的依据都是用自己的考试分数所能兑换的"最好"的专业。这种"最好"显然主要指的是专业热门度。读博决策的考量也主要是进入更高层次的学校，获得深造的机会。

数学专业的林涛受访时刚刚从 B 大学毕业，在 A 大学做博士后。他的父母都是老师，从小生活在中部一所师范学院里，因此对上世纪八九十年代的大学文化耳濡目染，对大学生活颇为憧憬。初三的时候父母带他游览了全国知名的 B 大学，他心生向往，但由于高考成绩不够，他只好选择了本省一所985 高校。填报志愿的时候，他选择了统计学。

> 那个时候就是很随大流的想法。想学经济啊、学生物啊，其实小时候独立思考能力很差。学数学当时也就是因为，数学成绩也不赖，当时高考成绩也去不了 B 大学这样的学校。我选的统计学，据说啊，统计学收入很高，当时有个教授忽悠我们的时候说，统计学

的博士在国外六十万一年什么的。当时是个非常实用主义的想法，就是觉得学统计学比较实用。

林涛维护了一个数学方面的博客，访谈之前我先在博客中了解了他的学术经历。他在博客中写到，本科时代有一小撮同学聚在一起经常讨论理论层面的话题，开口闭口都是"数学之美"，我提及这件事，他补充说自己所在的是一个"偏工科学校的数学系"，因此学校对数学系的定位是开好公共课，但有些老师"还是会希望大家能在数学上做出一些成绩"，这些老师对他们"有一些启蒙的影响"。

在这些老师的影响之下，我们有些同学，有那么三两个同学，很积极，他们会找一些国内顶尖高校的，学校的一些教材，会从数学本质的层面去带着大家读一些东西。然后呢，那时候就是，可能价值取向，我们这撮人价值取向就是数学不是拿来用的，数学是有它本身的价值在里面的。

他谈到这些同学最后都保研去了很好的大学。当我问他从最初"学数学挣大钱"到"数学不是拿来用的"、体味"数学之美"这样的价值和态度的转变是如何发生的，他想了想说：

这个怎么说呢，可能还是有功利的成分在里面。因为我们如果想在专业上往上走的话，保研得保出去。我们都是尽量回避考研的，因为考研比较难嘛，能在保送的阶段保出去是最好的。……

然后这个过程的转换，其实就是，因为你可能希望到数学专业更好的地方去。其实到数学专业更好的地方并不意味着你就要做学术深造是吧。比如很多同学来到 B 大学数学系，他可能选的是金融数学或者概率统计，他们最后可能 70-80% 去的是投行、公司。当时并不排除我没想这么做。当时可能为了到更好的地方去了解他们正在做什么，我们了解的这个过程就会无意中发现，其实这个东西挺美妙的，数学还是挺有意思的。

可见，林涛并不倾向于主动地强调"兴趣"，他自认为是出于"功利"的考虑，即继续深造，到更好的大学。而发现"数学还是挺有意思的"则是这一努力的一个副产品，是"无意中的发现"。那么，这种兴趣是否使得林涛主动地选择了攻读数学专业的博士，像 Amy 那样在数学研究的路上"能走多远就走多远"呢？

林涛直截了当地说，自己"没想保博士，当时不学术，一点都不学术"。他申请的是统计学硕士，但由于统计组面试得不好，为了争取进入 B 大学的机会，他自己又主动到概率组要求参加了面试，但该组只同意录取他为博士。就这样，林涛走上了读博的道路。我问他本想读硕士最后变成读博士会不会遗憾，他说"就是为了留在 B 大学。当时太想来这儿了，像是一个梦嘛。"

因此，尽管林涛对数学之美和数学的乐趣有所体会，但他并不认为这是自己做决策的出发点。他也并未因此而主动地选择读博士并立志走学术道路，而是为了争取升学到 B 大学的机会而被动选择了读博士。这与美国博士生普遍表现出的一种出于学术兴趣的主动选择之间有所不同。尽管美国受访者中也不乏在博士阶段升入更好学校的案例，但他们并无一人从这个角度解释自己的选择，而林涛却非常明确地指出这种升入名校的动机是更强的。

学历史的海宁刚刚博士毕业，目前在 B 大学做博士后。他出生于中部地区的一个小村庄，父母均为初中文化水平，舅舅读过大专，因此他从小也受舅舅影响读些文史哲的书。他自称小时候就是那种比较听话的"乖学生"，因学习成绩较好，高中时被省城一家私立中学的招生老师选走，作为少数免费生之一，为学校的升学率做贡献。高考填报志愿时，受到舅舅鼓励，决定冒险填 B 大学，"反正大不了再复读一年"。当时"历史系"并非他所愿意读的专业，作为第二志愿填报是为了尽量减少风险。

> 当时肯定不想搞学术研究搞一辈子啊，想的还是要挣钱要工作，肯定是选热门专业，当时所有人都会这么想。反正就是挺偶然的，最后我就一直盼着，首先盼着 B 大学别把我刷了，然后最好别让我进历史系。最后通知书一来，打开一看，历史系！呵呵。我后来才知道，B 大学是只要你志愿里填了历史的，不管你第几志愿都是历史系。难得有几个志愿里写了历史的，别人都是不写被调剂过去的（笑）。

我问他进校之后有没有因为专业问题而产生抵触情绪，他说"那倒没有，毕竟被 B 大学录取是最重要的"。而且，很快地，他似乎也融入了历史系"安贫乐道"的氛围。

> 反正过来，本科还是很开心了，一堆人玩玩闹闹的，也不想着以后挣多少钱。而且你进了历史系之后，就会被他这个气氛所感染。历史系的老师们嘛，首先他们就给你一副安贫乐道的样子，搞得你再想以后挣多少钱什么的好像挺俗的。呵呵。而且说实话，我们当时没有觉得以后真的会很穷，或者找不到工作什么的，还是优越感比较强。

可见，本科阶段海宁受到了历史系学术文化潜移默化的影响，加之名校的优越感，开始淡化"挣钱"的想法。同时，海宁说自己的古文水平在同学中算是不错的，因而比较快地适应了大学学习，不怕写论文，又乐于读书。

> 一年级上课，王老师(B 大学历史系一位知名教授)的课上，期末要写一篇论文，当时从来也没写过论文，都是写 800 字作文嘛。然后那个论文也写了三四千字，自己还挺得意的。不知道别人评价怎样。但是那门课给我分数也不低，90 多分。然后，受到一点鼓励，也大概找到一点写论文的感觉，反正就是拿很多书，东抄抄西抄抄，提出点自己的观点，那种感觉。反正我对论文不算是很头疼，写出来自己还比较有成就感，不算是太困难的。而且平时老师推荐的教学参考书，也愿意去读。

尽管海宁并没有很明确地使用"兴趣"、"热情"这样的字眼，但从他平实的叙述中我们可以看到，虽然历史专业非第一志愿，但他的学习过程也是有滋有味的。海宁最终成绩比较靠前，虽然并非十分拔尖。到了保研的阶段，海宁说因为"大部分人都不想在历史学里面搞一辈子，所以硕士的保研竞争也比较激烈"。海宁自己对于读博士也"有点犹豫"，于是他向导师咨询：

> 我当时就问这个老师[指博士期间的导师]，我说我要是跟您接着读的话，您说是读研好呢还是读博好呢？他想了想说，要不我们就直接读博吧，反正你年纪也不大。他说要是读博的话，导师的意见分量更重。要是保研的话，因为人竞争多嘛，就按绩点排下来。意思是你要保研还不一定保得上呢。要保研也能保上其实，但是就是涉及到跟人竞争嘛，我一般不喜欢跟人竞争，能不竞争就不竞争。竞争伤感情。就直博吧。反正觉得这个导师挺好，就跟着他做呗，多学点东西。然后就跟着他直博。

　　跟林涛的情况类似，尽管本科阶段的学习比较顺利，但读博选择都并非出于强烈学术兴趣的积极选择，都有些在保研形势下半推半就的意味。而且他所叙述的导师的分析中，导师并未谈及学术兴趣，主要是从确保获得机会的角度考虑。最终，"避免竞争"、"导师挺好"、"多学点东西"几个动因使得他选择了读博士。我问他，当时是否觉得一辈子就从事学术研究，海宁说"都读博士了，也只能一辈子搞这个了"。

　　海宁、林涛和李建都是最终很有可能走上学术道路的人，在读博士期间也取得了不错的学术成绩，有很好的发表记录或获得了学术奖励，但他们最初的上路（本科专业的选择和读硕读博的选择）却无一例外地受到社会舆论、高考和保研制度的很大影响，并没有人旗帜鲜明地指出自己做选择的出发点是学术兴趣。高考结束填报志愿的时候，他们主要是根据专业热门度和未来的就业预期来做出选择，家人或招生老师的意见发挥了很大作用，保研的时候他们也尚未确立从事学术研究的兴趣和志向，主要是由于名额问题为免于竞争或确保进入梦想的大学而选择了攻读博士。

　　与本想读硕却因名额问题而读了博士的海宁、林涛和李建不同，计算机专业的刘欣和周远则是本想读博士，但由于导师没有博士名额，而与导师商议先以硕士名额录取，以后再转博。说到当初的专业选择和读博选择，因竞赛成绩优异保送进入 A 大学的刘欣说"高中那时候也不知道什么专业好，大家当时好像觉得计算机还挺火的，出来就业也好，所以就选了这个东西"，而后来读博部分地也是因为"父亲非常希望我读个博士"；周远则说"当时也不是特别清楚，可能当时最简单的想法就是博士学历更高吧"。

　　另外，有近半的访谈对象都谈到自己本有出国的打算，因各种非学术性的原因而放弃了出国，如恋爱关系、家庭原因、厌倦英语考试、出国准备太麻烦等。生物专业的刘倩说当初高考报志愿就是咨询招生老师哪个专业最好出国，据说是生物，于是选了这个专业，大学期间关于出国的事情"一直挣扎到大三"，但因为"实在很厌倦准备英语考试"，再加上男朋友不打算出国，于是她也放弃了出国。金融专业的刘勇说，自己大二就已经考完了托福和GRE，都接近满分，但由于女朋友不让自己出国，于是就放弃了，保送到 A 大学读博士。他说从放弃出国的时候起，他就已经放弃了做学术的念头，因为"既然这边做学术上不了台面，就还不如不做学术呢"，"找一个以后找工作最好的[方向]"。

同是金融方向的一位年轻教师说，对那些有志于做学术的学生，他们现在一般都不建议在国内继续念，"感觉也挺无奈的啊，自己学校有博士项目，然后都鼓励自己的学生不要在这儿"。他还特意讲到某工科院系一位成绩很好的本科生想到金融方向读博士，"大家为什么说一定要在国外念博士才能念好呢，我一定要在国内念好"，但这位老师还是劝他，"在国内念太辛苦了"，"花一分的力气得到的回报或者说得出的成果可能会少一些"，"性价比不太高"。

教育专业的王阳在受访对象中是唯一一个一开始就清楚地根据职业志向选择读博的案例。他的经历与 Ron 倒有几分相似，都是离开了法学而走向了教育，Ron 从事教育哲学研究，而王阳的研究方向也相当理论化。

> 第一个就是说我的个性不大适合在社会上去闯荡吧，说得不好听点，就是在社会上混，我觉得我不大适合，我感觉我的个性不大适合，人性格太直、太急，就是不太适合于去逢场作戏那种感觉。我觉得这是一个，当时我到本科的时候，当时我一直想考法学嘛，因为本科拿的是法律学位，当时想考经济法，后来我同学就问我，他说你考法律干嘛？他就问我，现在读法学的一般都是要拿律师证嘛，都要嘴巴特别溜的才能吃得很开，才能接到官司，然后你再跟别人讨价还价，他说你的个性适合于做这个吗？我后来想想还真的不大适合。

Ron 的同学问他到底是想做律师还是想做法学教授，而王阳的同学也劝诫他考虑自己的个性特征是否适合做律师。同时，像 Ron 谈到物权法课堂上的感受一样，王阳也谈到上经济法课的感受：

> 我当时感觉这东西太斤斤计较了，可能就是为了那么点房产，说房产不动产的，这个人卖了那个人，怎么样，就是说就是为了这点东西，然后双方挖空心思一样抓漏洞，说你这个东西对自己有利，后来我觉得好像我也不大适合做这种为了一栋房子几经转手打官司这种。

由于感觉个性不适合"在社会上混"因而想留在高校，又觉得本科所学的专业不适合自己，因此，王阳选择了到教育学院攻读研究生，他的目标是从事教职，"当时理解读过研究生的话，应该走一个相对宽松自由的教育教学这种岗位"，但后来就发现，高校教师资格要求"水涨船高很厉害"，自己 2006

年毕业时，硕士已经不可能找到教职了，于是他在一所高校从事行政性工作作为过渡，开始准备考博。

相对于其他人，王阳是唯一一个明确地出于要做大学教师的职业目标而主动选择读博道路的受访者，但尽管如此，他叙述的过程中依然没有论及自己对所选学科何时以及如何产生兴趣等话题，只是谈及自己个性过于直率不适合"在社会上混"，并且也不愿意从事"斤斤计较"的律师职业。

3.3 小　结

从中美博士生的叙述中我们发现，对于"如何走上读博道路"，两方的叙事差异极大。

在美国博士生那里，对某个领域的智识兴趣的发现或确认常常是他们所讲述的走上攻读 Ph.D. 道路的主要原因，他们或是在与身边的同学或与其他的道路比较的过程中，在不同的智识领域的比较过程中，或出于本科时代某位教授的激发与引导，或由于青少年时期科学兴趣的延展，而确定了自己对某一学术领域的内在兴趣，从而选择攻读 Ph.D.。

但对于中国的博士生来说，学术兴趣则极少被主动谈及，读博之路的叙事主要围绕高考和保研（考研）来展开。"千军万马过独木桥"的高考使得他们在中学时代鲜有时间去探索自己的兴趣，加之"知识改变命运"的社会观念影响，使得高中毕业时多数人以"热门"、"好就业"、"好出国"等标准来选择专业。一旦进入大学，又面临繁重的课业压力，"一门心思考虑分数"，因为学分绩是兑换一切机会的资本——转专业、出国、保研，而且由于大部分人都选择毕业后直接深造，因而此时兴趣依然是次要的因素，"进入名校"、"抓住机会"比"想清楚自己要做什么"更重要。

第4章　路上：学术经历中的学术品性

读博士的过程是学术规范、学术文化内化的一个重要时期，也是实现从学生到学者的身份认同转变的历程，中美博士生关于自己读博过程中学术经历的叙述有何异同？他们强调了或表现出了哪些学术品性？

4.1　美国：自由探究的智识旅程

不同学科的研究模式和学术经历有很大不同，英国学者（Delamont，2000）研究了田野调查类学科、实验室操作类学科、计算机建模类学科，分析了不同工作模式之下博士生学术社会化的环境与路径差异；王东芳（2012）描述了五个不同的学科博士生培养模式的特征。但不同学科中是否有一些共通的价值观念与学术品性呢？这里，我们试图归纳跨越文理学科的受访者都谈到的一些话题，从中形成关于美国博士生学术品性的若干要素。

4.1.1　独立思考与自由探究（Independent thinking and Freedom of Inquiry）

对于整个学术界来说，学术自由常常是在反对宗教、政府和商业对学术活动控制的语境中讨论，但当我们从个体博士生的视角来考察时，直接影响他们的主要是所在的学术小环境，这个环境是否鼓励他们独立思考，是否给他们提供了自由探索的空间。"独立"、"自由"、"原创"等关键词在美国博士生的叙述中多次出现。

哲学系的 Aaron 对美国学术环境最深刻的印象就是鼓励质疑和批判，鼓励学生独立思考。由于他从小在加勒比长大，并在那里一直读完本科，他说那里"学生阅读老师帮他们选定的章节，不去质疑作者，而是理解和接受作者的意思"，批判和质疑的精神并不被鼓励。神学院尤其如此，"他们会鼓励你不要相信其他教派的言论"，而神学院学生在学生物的时候，也并不相信进化论。但美国的教育经历却让他觉得十分不同。

> 我来到哈佛神学院，却发现这里的学生相信进化论。而且，这里不是鼓励接受和共鸣，而是鼓励质疑，这对我来说很新鲜，我很喜欢能够独立思考，你所在的环境也是鼓励独立思考的。可以说，我本科时代只有一门课为我在哈佛的教育做了一定准备，那位教授确实是鼓励独立的批判性思维的。可在哈佛，这却是常态。

他说自己以前的生活环境更强调集体文化，谦卑恭谨、循规蹈矩、言行得体是最重要的，而美国则更加个人主义，强调质疑、挑战。他认为从社会角度来说，双方或许各有利弊；但从学术角度而言，美国的方式更有优势，更有利于原创思想的诞生。在 C 大学读博士期间，他也感觉到独立思考和原创性是被鼓励的：

> 我记得曾听到一些教师在参加博士生的开题报告时说，不要只是总结别人的观点，我们想看到的是你的创意，你所提出的自己的研究设想。因此，这里一种基本的期待是你应该有原创性，应该独立思考。所以这边学生的创造性也的确要比加勒比地区学生的强。
>
> 这是个非常不同的地方。而我个人觉得这是一个非常棒、非常令人鼓舞的特色，因为这给了我创新的机会。

可见，在美国的精英大学中，不因循守旧、自由探究、独立思考、鼓励创新的精神作为一种广为接受的基本学术态度是渗透在日常教学活动中的。Aaron 说现在作为一个 Ph.D.学生，他"最开心和最有成就感的事情是能够做自己的研究，提出自己的理论，为自己所在领域做出贡献"，这对他来说就是"最重要的事情"。他要努力成为一个"原创性的思想者"（original thinker）。

历史系的 Bill 说从美国的学术系统来看，一般都是由研究生自己来选择研究题目，并且他所理解的一个好的学者最重要的能力就是能够提出有趣的问题，以一种在其他人看来合理的方式回答这些问题，从而对学科知识做出自己的贡献。

数学系的 Amy 用"独立"这个词诠释了她对于博士生阶段学习的理解：

> 在数学领域里，博士生阶段往往是你第一次独立做一个数学课题。因此，在这之前我所做的研究都是得到了很具体的指导的，是由别人来选择问题，甚至答案多少也是别人选择的，而我只是把中间的细节步骤给实现了。或许他们没有提前告诉我答案是什么，但是他们对于答案在哪里会有一个比较清楚的想法，而我要做的就是把这个过程实现。当时的研究对我而言就是这样。

> 对于 Ph.D. 来说，它更重要的是，我的导师帮助我形成了自己的课题，但是这最初是我自己的想法，自己感兴趣的问题。特别是当第一部分完成之后，基本上就完全是我自己来控制它应该往哪里走。因此，Ph.D. 是你第一次需要考虑什么样的研究对别人有用，有些什么样的研究文献，还需要做些什么，我能做些什么。我想能够选择自己的问题，形成自己的研究课题是博士生学术成长中很重要的一部分。

之后的访谈中她再次提到"最重要的是学会独立做研究。学习在没有太多指导的情况下，独立地选择研究问题，独立地研究问题，以及最终得到结果之后学习与其他人交流你的想法，包括写论文、做报告等。是的，我觉得独立性是关键。"

如果说在人文学科和数学这种相对个人化的研究风格中，自由不会受到太多干涉的话，工程领域的博士生常常是从事导师的课题项目，其研究活动更加结构化，他们在研究选题和推进的过程中是否看重享有独立与自由呢？

应用物理专业的 Alston 在这方面谈得最多。他本科毕业选择研究生院的时候，那位对他影响很大的老教授建议他选择 C 大学，理由就是在这里会有更大的"自由度"：

> 他说有些学校里，研究小组工作的方式是教授给你一个课题，然后说这就是我半年内/一年内/两年内需要你要做的东西，去做吧。所以你就乖乖听话做教授交待的事情，不能尝试自己的想法，然后如果你做出了别人要求你做的东西，你就可以毕业了。但是在 C 大学，没有那么结构化，你有更大的自由度。人们会说，这就是我们小组做的那类事情，你可以找点自己喜欢的来做。这是我在这边的

感受。总之，他就告诉我我应该来这里。我很信任他，因为他对于
自己谈论的很多事情显然都非常了解，所以我就申请来这里了。

在选择实验室和导师上，他也有较大的自由空间，他谈到博士一年级的
时候先是去了某教授的研究小组，但觉得他们做的研究很没意思，于是他就
找到了现在导师的实验室。导师安排他跟着一位博士后学习无尘实验室操作
和光学实验操作。因此，在第一学年的第二学期他就介入了研究工作。一方
面接着那位博士后的工作做，并且一起写了篇文章，另一方面也开始选择自
己"更感兴趣"的研究课题。第二年的一整年，他都在尝试自己的各种想法，
但"因为各种原因最后都失败了"。到了第二年快结束的时候，他意识到自己
之前失败的原因是化学基础太差了，"你得先把化学过程弄对，然后才能做有
趣的物理研究"，于是他找到其他系在同一个无尘实验室工作的化学博士后聊
了聊，最终找到了一个可以尝试的想法，并且"得到了有趣的结果"，成了他
的博士论文的主体工作。由于有时自己的项目会因为实验材料不够或者国家
实验室的仪器预订不上而需要等待，他就设计了第二个项目并行开展。

可见，Alston 是有较大的空间探索自己感兴趣的问题的，并能够主动地从
所在学术环境中寻求支持。对他来说，自己的想法不是太少，而是太多了。

> 我的问题是我有太多想法了，太多太多了，其中很多可能都是
> 不够好的，前两年我了解到自己很多想法都是不可能实现的。我的
> 问题是，如果我去参加一个会议，或者我开始看论文，那我的想法
> 就会一个接一个地冒出来，我会变得很兴奋，有很多很多想法，都
> 想试试看。这些想法至少看起来都不错，我都想试试看。但显然不
> 可能。所以，产生想法对我来说不是难事。难的是找到一个在一定
> 时间内由一个人可以完成的想法，会产生有趣的结果的，而且最好
> 不仅仅是出来一个有意思的结果，最好还能引出后面一连串的有意
> 思的工作。这个是比较难的。但是光是有想法是不难的。

谈到自己研究中的独立性，Alston 说这与导师的风格有很大关系。他的导
师已经功成名就，当时担任系主任有较多的行政职务，因此这也在客观上给
了 Alston 更大的自主空间。访谈中，Alston 比较了处于职业生涯不同阶段的
老师的利弊。

　　当你作为一个年轻教授的时候，你对领域非常了解，然后，当你年龄渐长，你还是对领域有所了解，但是不是通过自己的实验了解，而是通过评审论文、申请基金、参加会议、做学术报告等各种渠道保持了解，等你的年龄更大一些，就要处理院系预算的事情、招收新生的事情、课程安排的事情等等，所以就很难再及时跟进研究领域了。

　　这个事情事实上是你选择实验室的时候要考虑的。你喜欢跟哪种类型的教授合作？年轻教授们会真的处于领域的发展前沿，是绝对的专家，他们会非常努力工作，而且他们会希望你去实现他们的想法，因为他需要申请终身教职，需要发表很多很多论文，所以他不可能让你整个第二年去尝试自己的想法，经历各种失败。你需要去实现他的想法，立马把文章写出来。总之每个类型都各有利弊吧。

Alston 自身有较强的对自由探究的坚持，首先是选择了一个能给自己自主空间的大学，其次是选择了一个能做自己感兴趣的问题的实验室，再次，在研究过程中也充分地利用实验室环境实现自己的想法。

　　当然，在这个过程中，与导师关系的处理也非常重要。Alston 说"你要学会向导师寻求帮助，同时，你也要学会告诉导师你觉得什么事情出了问题，而不用感到害怕。"在 Alston 看来，导师和学生都有犯糊涂的时候，双方应该互相提醒。但他也说达到这样一种关系并不容易，因为"你不想显得对他不尊重，他也不想显得过分苛刻"，因此"不是每对师生之间都可以很好地交流"。"能够跟导师维持一种智识上平等的关系，很好，但并不常见"，由于在工程领域，经验十分重要，因而更多的情况是老师作为一位专家，对学生有更高的权威，可能没有兴趣听博士生的想法。

　　但有趣的是，访谈中 Alston 谈到自己整个第二年的尝试和种种失败时，我追问他既然你的导师更有经验，或许他会告诉你这样做是没有结果的吧？他回答道：

　　　　这毕竟是科学，你永远也不应该盲目地相信任何人。当他们说，这样可以，那样不行的时候，你还是得自己去亲自得到经验教训。但是，你也必须要理性。比如，有个实验，我很想做，我觉得我可以用很简单的方法来实现它，我也尝试了，但是结果不行。后来我想到了另外一种方式，会非常复杂，可能也要花不少钱，但是我很肯定这种方式一定行得通。所以，我跟导师就这件事有场大争论。他说，你大概要花一年半时间才能做出可以发表的结果，大概要花掉两万美元，即使你觉得可以行得通，也不值得做，就算这个项目不错，但是你要连续做一年半，这期间不可能做别的任何事，然后也要花大笔钱，至少在我看来不值得。所以当时我们争论得很激烈。因为，我很肯定自己是对的，这个想法能够实现，我也确实没错，可是他也很肯定他是对的，这么做不值得，而他也确实是对的。

问：这是什么时候的事情？

第二年，还有第三年也有过争吵。当时是刚好反过来，他想做一件特别困难很花时间的事情。所以两种争吵都有过。都不容易。因为你们都是对的，技术上是可以实现的，但是确实不值得花费时间和金钱去做。所以，当你们两个人都是对的时候，争吵很难出个结果。

笔者访谈的 C 大学一位年轻的助理教授 Carl 回忆自己博士阶段的经历时，也谈到了与导师的争吵。他在某个问题上做了两年半并发表了一篇很长的论文之后，导师不想让他再做这个问题了，因为导师觉得这个问题不再有趣了。而当时 Carl 自己还希望继续这个研究，因此和导师陷入了争执，最终双方都作出了妥协，寻找了一个共同感兴趣的话题。他说自己事后才了解到，当时导师对于他不完全在做自己想要的东西非常生气，几乎要开除他了。但他是带着一种自豪感谈起这段经历的，并且格外提到他所接触的中国学生似乎不太知道如何与人争论，不善于表达自己的看法。Carl 认为在美国，"至少不存在什么文化上的障碍影响你跟教授的争论，这在大家看来是很平常的事情"。

Brandon 的研究经历体现了他能够比较自主地根据兴趣变更研究方向或研究问题。Brandon 说自己到 C 大学读博，本来是希望做大气中的流体力学问题。但是很快他发现自己不喜欢这个系的环境科学所做的那种研究，于是他决定改变研究问题，开始研究一些波传播问题和表面电场问题，得到一位年轻教授指导。

自从我来到这边，我的研究方向变了几次。头两年我跟一个非常年轻的教授一起工作，他精力充沛，跟他合作很愉快，因为……有时候我们对某个想法感到非常兴奋，然后就花很多时间来研究它，如果跟着年纪大点的教授，就不太一样了，他们可能忙着各种事情。

头两年就像是探险一样。我们着迷于某个想法，然后可以一整天都想着这个问题……呵呵。

但两年后，这位教授离开了 C 大学，Brandon 可以选择跟随该教授，也可以选择留下，他最终选择了留下。但他和这位教授依然保持着密切的联系，合作研究并发表论文。导师离开后，他又回到了原来的研究问题，想着继续做下去或许会喜欢的。但是最后发现这个问题是一个没有定义好的问题，他花了六个月时间却并没有取得什么成果。

这之后，他又开始做优化问题，发现自己很喜欢，并且开始与两个导师合作，其中一位在 C 大学，另外一位则是在其它大学工作的 K 教授。K 教授将 Brandon 推荐给斯坦福的粒子加速器项目组做暑期研究，因为那里所研究的正是他所感兴趣的那种问题。事实上，他在斯坦福工作了两个暑假。他说：

我在那里的经历对我的论文帮助非常大。……而且我试着用他们提问的方式来看待我以前研究过的问题，所以我就继续跟我原来的导师工作。而且我也跟新的导师合作，用那种方式来研究不同的问题，比如量子力学等。

能够在课题不再被喜欢的时候转换方向，并且能够得到合适的人指导，到合适的地方与合适的人合作、交流，体现了 Brandon 在学术探究上享有的自由度。尽管这个过程不无曲折，但重要的是，他始终坚持去做自己真正喜欢的研究。他说"对我来说最重要的事情是我做的工作要有趣"。

总体而言，美国的受访者注重独立、自由的探究，并且通常能够获得或注重争取自由研究的机会和空间。这其中，既有整体学术文化的影响，也有博士培养单位的制度安排，还有学生个体与导师关系中主动性的发挥。

4.1.2　自我激励（self-motivation）

学术研究过程中充满了智识挑战和不确定性，完成博士学位并不是一件容易的事情，因此博士生必须具备自我激励的品性，包括勤奋、自律、专注、持之以恒、善于应对挫折、善于管理时间等。多位受访者都谈到这些话题。

应用物理专业的 Carl 说"做研究从来就不会顺利的"，研究者克服种种困难最后解决问题，并把结果发表出来，可能不过为此兴奋一天，接着又开始攻克下一个难关。因此，做研究必须保持平和的心境，不能随着研究进展的顺利与否心情也跟着上下起伏，如果这样"绝对早就疯掉了"。Carl

说自己很幸运是"比较淡定的人"。同时他特别指出决心（determination）很重要：

> 如果你看看那些非常成功的人，你会发现他们往往是那种可以持之以恒地思考问题的人，有时候他们会把一个问题放在脑子里好几年，直到解决了它。（做研究）经常就是这样子。所以我觉得决心对于做研究的人来说真是非常重要的品质。

应用数学方向的 Brandon 也指出不轻言放弃，对自己选择做的事情能够坚持到底是很重要的。

数学系的 Amy 在谈论哪些个人特质对自己的学术成长最重要时，结合自己的经历指出了以下几点：

> 毅力（persistence）。有很多次，我都觉得自己做不成了，但是我必须继续前进，而不管自己的大脑告诉自己什么，不管你的感觉如何，你都必须继续工作。

> 自律（discipline）。因为自由空间很大，大部分时间没人告诉你要做什么，你可以做任何事，所以，即使没人监督你，你也要让自己努力工作。

> 专注（concentration）。数学问题很难，没有专注，你不可能取得任何进展。假如有一天，我一边做自己的研究，一边做其他的事情，那我绝不会有任何进展。所以，你必须要聚精会神。

> 还有很多需要时间管理（Time Management）的，这跟自律有关系，但不完全一样。你会学到，有些时候你真的没办法做数学，没办法做特别难的事情。早上起床之后，就是觉得自己的脑子转不动，你可以自律性很强，逼着自己坐在桌前工作，但是可能什么也做不出来，因为不知道什么原因，这天脑子就是转不动。所以，你得学会管理自己的时间，这一天，你可以去做一些不那么难的事情，比如调整一下论文里的配图啊，或者去图书馆借书还书啊，或者为第二天的事情做好准备啊，类似这样的事情。所以，你要管理好自己的时间，把自己状态最好的时间用在研究上，把状态不太好的时间用在别的事情上。这一点我觉得我还在学习。

Aaron 谈到自己作为学术人的奋斗目标，第一条就是"作为一个自我激励型的学者，为所在领域做出贡献"（Being a self-motivated scholar who contributes something to my field）。他经历过不同的学校，也在社区学院、公立大学教过书，他认为常青藤大学由于选拔学生更严格，录取的学生一般都是比较有雄心壮志、比较高效率的。"本科生或许还有来自家长的压力，但到了研究生阶段，基本就是自我激励的了。"

> 作为大的研究型大学中的（学术型）研究生，我想大部分人都是上进心很强、自我激励型的学生，学习动机很强。他们想的并不是做自己必须做什么以取悦教授，他们想的是我要成为一个优秀的学者，我想找到一份很好的学术工作或别的什么工作。对于我们学哲学的来说，你能做的一般就是教书，其他学科可能不太一样。所以对大家来说，并不是仅仅被动学习，满足毕业要求，他们做那些在他们看来能够把自己训练成优秀学者的事情，能够使他们胜任高质量学术研究的事情，最终找到一份理想的工作。

历史系的 Bill 是为了写一本书而回到校园来的，他说这里的教授可以通过言传身教指导他，这里的图书馆、工作场所等硬件环境也可以帮助自己实现目标，而身边的同学可以激发、鼓励、批评、帮助自己。但是最终，"像生活中大部分事情一样，它是相当自我驱动的一件事"。

> 你可以提供好的环境、好的教师、好的同学，但还是会有一些人写不出什么东西，因为他们没有驱动自己去努力做事。所以，我想成功的博士生和不太成功的博士生之间的区别往往就在这里。不太成功的那些博士生，无论是出于什么原因，没有很好地利用这些资源。或许他们也完成了博士论文，但他们并没有成为学者。

教育政策方向的中国留学生林菲强调说美国学术资源丰富，但学生必须善于"获取支持，包括信息支持、学术资源支持、感情支持"，"不能把自己变成老学究"，要"push 自己，去参加这些[学术活动]"。此外，部分受访者还谈到了他们自己主动地去创造和改善学术环境的经历。

Aaron 说在哲学系的博士生们敦促系里为一年级博士生开设了一个研讨班（pro-seminar），作为一门课程，每周有一个不同的教师来讲自己的研究，并且给学生布置阅读任务，学生据此做学术报告，并由教师点评。所有一年级博士生共同参加，以此加深学生之间的感情，并促进学生与教师之间的互相了解。同时，他们还为三年级博士生组织了博士论文准备的研讨班，就自己的论文工作发表学术报告，并得到教师和学生的反馈。由于完成课程以后，在博士论文阶段，学生很容易变得孤立，因此，他们组织了这个研讨班使大家保持一个学术共同体，互相帮助。除此之外，Aaron 自己还发起了一个哲学读书会，通过在学术会议上认识的人，他联络了本地好几所大学哲学系的同学，形成了一个暑期读书小组。

> 阅读的主题是行动哲学，这是现在比较热门的一个研究方向，我先是给一些自己认识的人发了邮件，问他们还有谁对这个方向感兴趣，他们于是又推荐一些人，这样最后我们的邮件列表中有 28 个人，每次来的人大概是十五六人，每次来的人不尽相同，因为大家感兴趣的论文也不太一样。但由于是我组织的，我肯定每次都会参加。去年夏天我们组织了 9 次活动。每次我们读一篇论文或图书的章节，论文的挑选方法是，由每个人推荐一篇，然后我在网上设了一个投票程序，最后选择获选票最多的九篇论文来读。还有一些其他人组织的阅读小组。至少我知道的 C 大学哲学系现有的读书小组有两个。一个是由一名教授组织的，还有一个学生组织的，但有教授协助。

Megan 在一个经济、环境、大气科学的跨学科项目读博士，她就读时该博士项目刚刚成立第二年，许多工作还未上轨道，她抱怨说"行政体系运作很不完善"，"课程体系设计也不尽合理"，"很多导师只是挂名而已"，"学生不得不花很多时间和精力处理这些事情"。但她却并未消极应付，而是在不利的情况下积极主动地寻求各种资源和帮助。这包括（1）在博士的第三年申请到哈佛一个研究小组工作。由于对自己在 C 大学得到的指导不满意，最后两年她基本在哈佛度过，在这里得到了大量的指导。"这里的学生几乎每周都要和导师见面，对我来说，这很棒，我每周可以和导师聊半个小时，推动我的研究进展"。（2）由于美国的暑期较长，她每年的暑假都会努力寻找做研究的机会，因此，几年间她到过巴黎综合理工大学交换研究，去过奥地利的国际应用系统研究所工作，得到过 NASA（美国宇航局）的研究助理岗位，为 IPCC（政府间气候变化专门委员会）撰写过报告。她说大部分时候都是她自己在网络上查找的信息，有时候也会收到系里的相关邮件。

Megan 不仅仅是在自己的学术发展上积极主动，她还是学生中带头改善博士项目状况的关键人物。她更新了该博士项目的网站，为系里所有要毕业找工作的博士生建了网页，甚至建了一个相关领域职位的招聘数据库服务大家。由于更新网站或者邀请学者举办学术活动都需要繁琐的行政流程，因此，她牵头成立了该博士项目的学生会，这样学生自己就可以处理这些事情，邀请学者、举办各种学术活动等。

总之，在美国博士生的叙述中，为了克服科研工作中的困难、争取和利用各种学术资源以及创造更好的学术成长环境，自我激励是一种重要的学术品性。

4.1.3 乐于交流（Communication and Collaboration）

许多受访者都谈到了学术合作的故事，上文的 Brandon 谈到自己与多位教授保持合作研究的关系，Alston 谈到自己与化学系一位博士后的交流合作对自己第二年的选题突破帮助极大，Bill 谈到同学对自己的激发、批评和帮助。

Amy 提到自己导师的小组有三种不同层次的 seminar，对自己帮助很大。其中最正式的称为 "real research seminar" 或 "grown up research seminar"，会邀请其他高校的人来讲自己最新的研究；其次是非正式的 seminar 主要是 C 大学内部的人，有教师、博士后和博士生，对自己的工作做更细致的介绍，或对本领域的近期工作进行介绍；而最不正式的 seminar（informal square seminar）是只有学生参加的，偶尔有博士后，大家可以放开了"问各种傻问题"，有时会有高年级学生报告，但主要目的是帮助大家掌握做研究所需要掌握的背景性知识。

除了校内的这种交流，Amy 曾经有两个学期在其他单位交流，一次在加州大学伯克利分校的数学科学研究所（MSRI），一次是在斯托尼布鲁克大学的（Stony Brook University）的西蒙斯几何学和物理学研究所。对伯克利的那段经历她尤为激动，说到：

> 在伯克利的那个项目，比较特殊，他是针对一个特定领域的研究，就是我所研究的领域，为期一个学期，邀请该领域的教师和学生共同开展研究。所以，可能世界上 50 个跟我的研究最相关的人都在那儿了。这真的很棒！每个人做的东西多多少少都跟我的有所相关，所以我跟很多很多人都讨论过，每一个 seminar 都特别有趣，就好像这个项目是专为我的研究而设计的似的。（笑）

对于做研究的人来说，能够找到跟自己做同样或相关研究的人，进行深入的交流，大概是最兴奋的事情了。经济与环境跨学科项目的 Megan 认为博士学习本身是一个孤独的事情，"你的论文必须是自己独立的工作，除了与自己导师交流意见，没有别的人真的能够帮你很多"。因此，合作、交流的氛围对于博士生的身心健康和研究工作的顺利推进尤为重要。她说：

> 做研究是很难的，对我来说当我不能跟其他人合作的时候就尤其难。我喜欢与人合作，交流想法，我要知道自己正在与其他人互动，我不能自己一个人做研究，我会觉得非常孤单的，会觉得自己做的东西可能是没用的。

她谈到过去在 C 大学她努力去创建一种与其他学生合作的氛围，后来到了哈佛发现在这边她有更多的与人合作的机会，这令她十分受用。

> 这边每周或者每两周[研究小组]就会见面交流一次，你会觉得自己是在一个团队中，研讨会上人们讲的东西也都是你感兴趣的。我觉得这很好。但在 C 大学我感觉非常孤单，没有人真的在做跟我的研究相似的东西。

林菲谈到在美国的学术经历时，向我强调了她所在的博士点校友所形成的学术资源共享和交流互动的网络。她谈到毕业的校友会回馈各种学术资源，如建立数据库、开展合作研究，回到学校的研讨会上做报告介绍自己的研究进展等，而且她所在的博士项目还有一个校友邮件列表，该系一位德高望重的老教授经常给大家发邮件：

> 你看我们内部经常会有邮件，L 教授会不定时地发一封，说最近我们刚毕业的有哪些学生，这些学生都去哪儿工作了，工作单位非常好，谁谁谁已经在 Top Journal 上发表了一篇文章，就会给大家形成很好的激励，大家也可以自己去[互相]联系。……我不知道国内怎样，但是这边毕业以后的博士会跟导师以及下面的学生保持很不错的联系。这个就不是固定的形式了，他们会利用这些形式，比如利用 seminar，或者他们会在 conference 上见到，我觉得这是非常 unique 的一块。

她说曾经参加过一个学术论文写作的工作坊，工作坊的老师讲不要把写论文变成一个沉默的工作（silent work），而要变成一个公共事件（public event）。

就是说你不要自己闷在屋里埋头写，你应该是不断地跟别人讲你在做什么，不断地跟别人讨论，哪怕是跟你专业不相关的，他感兴趣的朋友，你都可以跟他讲。讲完之后他会给你一些反馈，从不同的角度给你反馈。然后你去到 workshop 讲，你在你们学校讲完了还可以到别的学校去讲，到别的学校讲完了还可以跑到 conference上去讲。不断地去讲，把它变成一个 public cvent，别人会不断给你反馈，然后你在跟别人的交流中也会不断地得到很好的建议。而且呢，你这样越讲呢，别人会给你一些肯定，哦，这个 research 非常有意义，我对你的 research 非常感兴趣，这样呢，你就会觉得我是得到很多人的支持和鼓励的，不是闷着头自己写得很郁闷。

……你看这边学者他们很开心，他们像运动员一样的，体格又很健壮，性格又很开朗，人又特别 nice，我觉得这个绝对不是你自己憋在屋里写文章能写成这个状态的，肯定是他既多锻炼，又参加很多的活动，又去跟人家交流，这样的一个生活状态。

十一节中我们已经提到哲学系的 Aaron 推动系里组织了一些学术交流活动并且自己组织了专题读书会，他比较了自己不同时期的求学经历，觉得 C大学的哲学系特别鼓励学生之间的坦诚合作。

在我们的论文研讨会上，每个人会讲一部分自己的博士论文，在场的每个人都会给讲者提出质疑和挑战，你可以想象这样一种情形：如果你有一个好的想法，你不愿意跟别人分享，因为这样对你并没有什么好处。而这样是非常不好的。在我们的研讨会上，人们从来不这样做。但我知道在其他一些环境中，可能会发生这样的事情。比如我本科的时候，还有在苏格兰的时候，存在着一种竞争的氛围，人们不愿意帮助他人太多，因为我帮你太多，你会比我更好，这对我不利。

他进一步分析了何以在C大学能够形成不同的氛围,给出了几点理由:（1）C大学给每个博士生提供的资助是一样的，大家不需要为奖学金而竞争，只要表现达到一定水平，就能持续得到资助，因而不存在对有限资源的激烈竞争；（2）C大学哲学系的学术兴趣是非常多样化的，大家的研究领域都略有不同，而美国的学术招聘常常有非常具体的要求，大家在就业上不存在直接竞争；（3）C大学对录取的学生有一种基本的认可，学生们不需要处心积虑地把别人比下去以证明自己的能力，"在我们这里，如果有的同学比较害羞，那你也可以不在课堂上发表评论，别人并不会因此看低你，你绝不需要硬着头皮去发言，以显示自己的聪明才智"；（4）同一专业的学生是一个命运共同体，"毕业生找到的工作越好，C大学的排名越高，这对在这里读书的学生就是好事"，"所以我根本没有动机去做对我同学不利的事情，如果他们发展得不好，C大学的声望也会下降，这对我自己的学术发展也就不利"，"这也是我们学生努力推动课程改革的原因，我们都有一个共识，就是我们希望C大学是最好的，这对我们最有利"。

此外，Aaron还向我提到了本地9所大学的哲学系联合会，可以免费在联盟的高校选课，与相关院系的人交流等。由于交流的范围更广，因此可以了解到不同的视角、不同的关注点、不同的偏见。他激动地说"所以我们的[校际]读书小组讨论非常非常热烈"。同时，他本人还长期维护着一个学术博客，与全世界感兴趣的同行交流，而其论文指导委员会中也有哈佛的教授。可以说，作为一个成长中的学者，他的学术交流与合作的范围完全没有被一个博士项目或一个院校所局限。

4.1.4 学术诚实（Intellectual Honesty）

科研伦理在美国是非常严肃的事情，联邦政府有专门机构，各校的政策规定十分繁杂，研究生院有专门项目对博士生进行培训，在老师的课程大纲中往往会涉及到相关要求，关于学术诚信和负责任的科研行为的出版物不计其数。在与哲学系的Aaron访谈的过程中，虽然我并未刻意提及这个话题，但他却系统和深入地谈论了学术诚实，并且指出美国的系统倾向于在很早的时候就向学生灌输学术诚实的观念。他讲了自己刚到哈佛大学时经历的一场小风波：

> 我记得在我刚来美国，在哈佛学习的时候，我选了一门课，提交了一篇论文，然后论文被助教发回来的时候，我发现自己竟然得了个F，我当时惊呆了，我从小都没有得过这种分数。所以下课以后，我就去找助教，问他为什么我的分数这么低，他告诉我我论文中有一处引用不规范，我在文中说了，某某人说什么什么，但是没有标注清楚出处。所以我并不是有心剽窃，我只是没有规范地引用。助教说，我给你打了F就是为了给你一个教训，让你意识到这是一

件非常严重的事情。以后你再引用别人的话时，一定要做到规范引用。后来我们还是把分数改过来了，他这样做目的是让我去找他，然后告诉我应该怎样做。但那次经验给我的印象太深了，我以后绝对不可能再犯类似的错误。所以，这边就是用这样的方式来告诉你，这种事情是绝对不能容许的。

访谈他时，他在给某位老师做助教，而这位老师的课程大纲里非常明确地写着"本课程绝对不允许任何形式的作弊，如果我发现有人作弊，我可以保证你一定会得到最严厉的惩罚"。Aaron 说在美国这边，作弊的想法基本上不太会出现在人们的头脑中。尤其是到了研究生阶段，这不会成为一种选择予以考虑：

> 比如你要交一份作业，在最后的关头你还没有完成论文，这种时候你根本不会去想什么作弊，至少对我而言是这样的，我根本不会考虑作弊。我知道网上有一些替别人写论文的服务，所以这种事情是存在的，但是 C 大学的学生不会这么做。假如你的课程论文找人替写被发现的话，你这门课肯定通不过，如果博士论文这样做的话，那你将被退学。所以一旦发现作弊，后果是非常严重的。这种事情在本科阶段一般比较多，本科阶段如果你的课程论文或作业有作弊情况，该门课程一定是不通过的。而且有趣的是，你如果诚实地完成作业，即使你做得再差，一般也就是得个 C- 或 D，其实现在老师们给 D 的情况已经很少了，最差也就是个 C-，也就是说考得很差，但至少你还有尊严。如果你作弊，那一定是得 F，所以 F 就是专门给作弊、造假的学生留的，一旦得了 F，那将颜面扫地。而且如果你的成绩单上有 F 的话，你是根本不可能被任何好的博士项目录取的。

可见，美国的体系是通过严厉的惩罚来杜绝学术不端的。Aaron 说，在他看来，最严重的学术犯罪就是剽窃（plagiarism）：

> 如果出现这种情况，不管你是不是终身教授，不管你声望多高，一旦出现这种情况你的学术声誉和学术生涯就会毁于一旦。所以这是学术界最大的忌讳。任何形式的剽窃都是不可原谅的，不管是发表的作品中对他人思想的剽窃，还是撒谎、伪造数据等。比如在科

学研究中，你做了实验，但是你篡改了数据，这也是非常严重的。

所以剽窃和伪造数据是非常严重的。

但 Aaron 对学术诚实的理解并非仅止于此。它不仅仅是一种对外在的规章制度的遵守，更是在学术生活中一种内化的态度。访谈过程中，他在草稿纸上给我写下了几条他作为一个学者的目标：

● 作为一个自我激励型的学者，为我所在领域做出贡献
● 促进批判性思维
● 教学生批判性的思考和写作
● 教学生准确表达
● 培养学者习惯，作一个诚实探究的人

我让他解释一下最后一条，他滔滔不绝地说了下面这些话：

> 我想的是，当你读一本书或一篇文章的时候，应该先确保正确理解作者的意思。我在教书的时候发现，学生们喜欢把自己的想法强加到文本中，他们会说，在我看来怎样怎样。这是一种习惯。还有，学者应该宽厚，如果某人提出了一种论点，你要反驳时应该反驳这个论点最强的版本。也就是说，你必须先将此论点发挥到它的极致，然后再反驳这个最强的论点，而不是仅仅去攻击一个不完善的假论，我们喻之为稻草人（straw man）。比如某人说了一个什么观点，但是他表达得非常马虎草率，你不应该急于去攻击他，你应该先想，他的观点要怎样表达才显得最合理最可信？这之后，你再来批判。而通常情况下，一种我认为是糟糕的学术习惯的，就是仅仅为批判而批判，如果这样我们公共舆论的质量就会下降。

> 在哲学中同一个理论往往有许多不同的流派不同的版本，比如对马克思主义，就有许多种解读，而其中一些会比另外一些更加合理，如果你仅仅是批评那些不够好的版本（implausible），这就没有什么令人敬佩的。反之，如果你可以反驳一个非常合理非常良好地表达的版本，这才是真正好的工作。所以，作为一个学者，你要批判一个理论，必须首先得到该理论的最佳版本。

而思想的坦诚，理智的诚实（intellectual honest）也正与此有关。有的人仅仅以学术批判作为学术之取向，但赢得学术争论本身并不是目的。我在明尼苏达的那所大学做演讲时，提问环节，有个人给我提了一个问题，我当时做出了回答，那个人对我的回答感到很满意了。但是之后，我又想了想，发现自己给出的回答还不够好。于是，我告诉他，我给你的答案并不是最好的答案，并且重新回答了一遍他的问题。当时，提问者已经对我给出的答案满意了，似乎我不需要再多此一举自己驳倒自己的回答，但对于我来说，所谓理智的诚实，就是你不能投机取巧寻找捷径，如果你对自己的答案不够满意，你不能仅仅因为别人对你的答案满意了，就停止去思索更好的答案。或许你可以迷惑他人，当你知道自己的观点到底是对是错的时候或许你可以以某种方式表达出来使得别人无法辨别，但我认为这是不对的。所以……让我把这条写下来吧：

● 写作时应尽力使别人容易看出自己的观点是否正确（Always write in such a way that it's easy for someone to see if you are wrong）

这更像是一条格言，训诫（adage）。我的意思是，你永远都不应该以隐晦费解的方式写作，来隐藏自己的假设，而是应该明确地告诉读者你的假设是什么，这样，如果你错了，别人更容易判断你是错的。这是我们推动学术进步的方式。正是通过这种对话和反复辩难，学术才能进步。而如果你隐藏自己的假设，那你就阻碍了学科的发展。人们很有可能就走上歧途。

我学到的是，我认为，我也相信大部分人都会同意我的观点，其实人们更加尊重那些承认自己错误的人。我记得在有一次会议上，一位教授做了演讲之后，有人提了个问题，但是当时他回答不出，于是他说，"这是个很好的问题，我之前从来没有想到过，暂时还没有答案，让我把这个问题记下来，回头我会好好思考一下。"他完全可以东拉西扯应付了事，但相反他非常诚实地说自己还没有答案，需要再好好思考。所以，这种谦逊的态度非常重要：如果你知道自己错了，一定要说出来。我是非常尊重这样的人的。

可见，学术诚实对于他，是首先尊重和理解别人的成果，不为批判而批判；是以宽厚的态度帮助论敌把他的理论发展到最有力的程度再做批判；是以最简明清晰的方式表达自己以使别人容易发现自己的不足；是不以学术沽名钓誉而追求公共舆论的明晰；是敢于公开承认自己的错误和无知。可以看到 Aaron 将学术视为一种公共事业，学者个人如果为了私利而哪怕有一点点的不诚实从而给学术本身带来损害或阻碍，都是不正当的行为。他对学术诚实的理解是丰富而深刻的，学术诚实的态度也是真正内化在他的身上的，否则他又如何在一次未经准备的访谈中能够侃侃而谈呢？

4.2 中国：发表导向的学术积累

无论中美的访谈，我在设定访谈提纲时都并未特别地重视论文发表，而只是将其作为一个普通的环节，但最终比较访谈数据时却发现，中美最大的区别之一就是中国博士生每个人都必然谈到论文发表的话题，并且多数会就此谈很多自己的经历、看法。论文发表涉及到他们评奖学金、开题、选择研究方向、毕业、求职等方方面面，大家对论文发表中的种种经验教训不吝口舌。相比美国博士生只是偶然地和一笔带过地谈到发表的情况，发表在中国博士生叙述中占有很大的重要性。

4.2.1 论文发表与学术兴趣的形成

虽然中国博士生关于读博选择的叙事中并没有很明显地谈到学术兴趣，但不少人都谈到读博之后随着科研工作进展的顺利而逐渐培养起对学术的兴趣来，而且有几位受访者也十分强调科研兴趣在读博期间的重要性。

工科院系的李建本想读硕士，但由于联系的老师建议他选博士以确保被录取，他走上了博士的路。第一年主要是上课，到了第二年，因为自己的导师是系主任，没有时间亲自带他，就由一个刚刚回国的年轻教师带他。这位年轻的王老师说工科博士生的培养方式有两类，一类是培养学术能力，以后"当老师、搞科研"；一类是培养工程能力，以后"去公司、挣钱"。王老师希望李建研二进实验室的时候能够给自己一个明确的答案。李建说：

> 我二年级的时候也没太想好，我说到实验室先干半年再给您答复吧。然后干一干当时发现，干一些项目，我就挺喜欢把它总结得特别漂亮，写报告什么的感觉自己还挺开心的，最后能把成果用一

个比较好的形式表达出来，那个感觉自己也挺适合的。当时就是发
文章嘛，很一般的创意吧，我就觉得自己包装包装也被录用了，就
挺适合在学术圈里，说得不好听点，就是灌水，这种能力还是[比较
强]，感觉自己挺适合的。早期的文章水平比较低嘛，可能是靠你总
结包装。

李建说当时努力发表文章还有争取奖学金的考虑：

当时我也是短期那种的，目光不是很长远，当时实验室评奖学
金，就是谁发的文章多谁评，当时我就想得奖学金，我就努努力、
熬熬夜多发几篇文章，然后发发，发现可以去申请其他的奖，基本
都是看你的文章。后来跟老师说，可能感觉自己还是搞科研对我驱
动力更大一点吧，搞理论这方面。

发表文章受到一些鼓励之后，李建在学术的道路上越走越远，渐渐培养
起对学术的兴趣。他总结自己对学术的感觉，说：

可能，我之前读本科，尤其读研究生，我没有自己的一个特别
的爱好，没有说我一定想干什么干什么，我就是走一步看一步。我
可能干这件事，就算我不爱干，我也能硬着头皮干下去。最开始的
话，就拿看论文来说吧，非常痛苦，但是它就是属于那种咬着牙坚
持看下去，看一段时间就能培养出兴趣，后期感觉这个就是自己目
前最擅长的一项工作吧。干别的还得从头开始，干这个可能上手更
快。然后，搞学术的话，说白了，就是研究嘛，探索别人不知道的
东西，这点还是挺有意思的。你看到别人看不到的东西，然后你把
这个东西说明白，让别人认同，这还是一个很好的方式吧。

李建的叙述事实上代表了相当一部分中国学生的情况，另有两位受访者
都谈到"A 大学的学生，做什么都可以"，"不喜欢的事情也能做好"，因此，
不少受访者的学术兴趣是伴随着读博之后的努力和成功而来的，很可能要经
历一个艰苦的学习过程，直至投入其中，"培养出兴趣"，"觉得这是自己目前
擅长的"。这体现了能力的增长、外部的认可（尤其是学术评价体系以论文数
量与等级的客观方式认可）与内在的认同是一个同步发展的过程，而前两者
在一定程度上可以视为后者的诱因。

生物方向的刘倩在保研的时候由于没有想好自己以后是不是要做科研，她说当时"想着可能硕士毕业就找个快销行业之类的工作，或者咨询类的，所以，先读了硕，这两年自己试试看，也了解了解别的"。由于大三时候已经进了实验室，因此她研究生一年级就独立开展了自己的实验，经过一年多的努力，做出了不错的结果，在本领域很好的英文杂志上投了一篇文章，等文章发表之后，她就此觉得自己似乎可以在学术的路上走一走，于是转了博士。她讲了很多自己如何克服困难完成实验的故事，并且自称"头三年，基本上除了睡觉就是在实验室"，而经过艰苦的努力，她对学术的兴趣也渐渐培养起来，也更加积极和乐于参加系里组织的学术活动。她说：

> 我好像是懂了一点以后，反而会喜欢一些。一开始你听什么报告都听不懂的时候，其实挺郁闷的。可能也是从三年级开始吧，因为我发了文章，心理上压力也小了很多，然后可能杂七杂八地看的也多了一些。一开始你真的听哪个老师讲都不太懂，现在的话，你会觉得，哦，还可以这样做，可能对自己的课题就会有帮助了。可能每个人完成这个变化的时间都不一样，早点完成的话，就会显得顺利多了。

计算机方向的周远说，刚开始选择读博的时候对未来是不是要做学术"没有想清楚"，"对自己不是特别有信心"，"觉得一直做学术的话，博士期间还是要做得比较好才行"，到了三四年级的时候由于自己的论文在本领域最高水平的会议上发表并且得到了不错的反响，他说这是自己最有热情的时期，也是这段时期开始打算走学术道路。

数学专业的林涛说，"最初念博士的时候，并没有'献身科学'的明确想法，只是在慢慢地培养做学问的兴趣"。可见读博之后的一段时间事实上是国内博士生培养学术兴趣的关键期。林涛到了第三年的时候第一篇论文投稿，"折腾了一段时间，第四年末发表的。紧接着，一年之后又发了一篇"。他说"第一篇是最难的，之后的几篇频率会高一点"。他说很多人之所以放弃学术，通常就是第二年第三年遇到了困难，"对科研没有感觉，不知道怎么来做这个问题，也不知道有别的什么方法可以变通"。

历史专业的海宁也并非是首选读博士，但读博期间他的发表却非常顺利，于是最终选择了做博后，找教职。他说"只要发表过，就会受到鼓励，一个良性循环就开始了"。"中国现在这个学术外在的评价还是很重要，内心强大的人固然有，但是很少。可以不顾世俗言论的人太少了"。而他自己的第一篇文章，是博士第一年跟着导师上课，完成的课程作业，由导师修改并推荐从而发表成功。他说"后面陆陆续续地也发表了好多篇文章"。但是显然并非每个人都如此幸运，"好多人到毕业了两篇还没凑够，很发愁"。

金融专业已经成为讲师的尚清谈到读博期间哪些人或事比较重要时，说"最大的支持其实就是发表论文，发表之后，大家会觉得你还是有能力的"。他觉得尽管这一点"比较悲哀"，但是在中国的环境下，由于同行评议容易受到别的因素干扰，"没办法只能看你出来的成果"。

可见，国内受访者在读博之后，由于个人努力和成就动机而初步获得外部认可（通常是论文发表），继而逐渐形成内在兴趣。因此，尽管中国的博士生在叙述自己的读博选择时较少谈及学术兴趣，但是到了高年级，科研进展比较顺利的事实上也形成了较为浓厚的学术兴趣，并且认为兴趣在学术工作中非常重要。计算机系的周远谈到自己导师每天休息时间极少，大部分时间都用于工作时，评论道：

> 如果对你研究的这个方向没有兴趣，可想而知，这么工作那是一件非常痛苦的事情，就算你做到了，你这个人生可能很悲惨，是吧（笑）。所以说你要是真正想做成一个学术牛人，你首先要对你研究方向非常有兴趣，然后你有兴趣了你还不能懒，你懒的话你也可以成为一个不错的研究人员，只要你有兴趣，然后稍微有点天分，你就能成为这个领域还可以的。但是你要成为大牛的话，不但要有兴趣，有天分，你还要特别努力。

同一专业的刘欣说自己认为做学术有三点非常重要：第一就是要学术热情，要喜欢这个事情；其次是勤奋；再次是天赋。而且，他认为有热情又勤奋的话，自然会投入大量的时间，而做一件事情只要时间有保障，其它的就往往不成问题了。

生物专业的刘倩说如果师弟师妹向她咨询是否应该读博，她会说第一个就是要看你是不是真正地对科研感兴趣，"要坚持下来这五年也挺困难的，大部分时间都处在失败、课题无法推进的焦虑中"；其次是要判断自己是不是适合做这件事情，比如作为实验科学的博士生，动手能力是不是很强。

环境工程专业的宇清也说做科研是一件"很辛苦的事情"，因此"首先最关键的还是你喜不喜欢它。你只有喜欢做的事情你才能做好，不喜欢做的事情你即便投入很多努力你也做不好"。因此，他在博士阶段后期指导本科生和硕士生时，会先和对方沟通好目标、阶段、任务，然后会问同学喜不喜欢这个工作，如果喜欢就可以去做。他说，自己相信 A 大学的人智商都是中高水平，在这个基础上，"最核心的东西就是你喜不喜欢"，"喜欢的话定方向，方向定好了定规划，规划定好了能不能执行，就是这样一个过程"。

4.2.2 研究的自由度

我所访谈的多位中国博士生都是学术表现相当优秀的，其中有 4 位是校级最高学术奖励的获得者。因此，从他们的经历中，我也看到了与导师的良好互动，有时导师对他们的信任以及为他们创造的机会、平台、资源和空间甚至在国外博士生那里也并不常见。从这个角度说，他们在研究中是享有自由的空间的。

海宁和自己的导师最初的接触发生在大三，他两个学期都选择了这位老师的课。他说"有的时候下来跟他讨论讨论问题，就觉得这个老师特别和善，也愿意帮助学生"，"反正这个老师就是那种性格很豪爽的老师，所以就很有魅力"，跟着这位老师读博之后，他说"后来确实很好，他对学生很好，会给学生创造各种学习的机会，他倒不是对你干涉很多"。

海宁说，在历史学中，学生自由探究的空间常常跟导师的指导风格有很大关系。有的导师"是比较强势的，要求你按他希望的那种方式去想问题，你交上一篇论文，跟他的思路不对劲，他就会说你这个怎么想的不对啊，得改。但有些老师就比较尊重你个人的想法，不一定跟他的要一样，只要你能够自圆其说，材料上、逻辑上都没有问题也可以"。而海宁的导师在博士论文选题上通常是尊重学生的兴趣和个人风格：

> 有些老师会帮学生选题目，但是我们这儿好像大部分都是学生自己想。你可能有那么两三个题目，或者你最初有个想法，跟导师商量商量，然后他可能会给你一些建议，然后你再写着写着，题目总是写着写着就会变的。像我，从开题到预答辩到正式论文的题目都有变化。一直到最后打印出来交了正式稿才算数。

　　　　像我导师就比较宽容。他对学生的要求，就不会以自己的成见
　　　来框学生。比如我不研究这个你就不能写这个。没有这种。所以我
　　　们那几个同门的师兄弟，每个人做的领域都不太一样。……这也反
　　　映出这个老师的知识面很广，这些他都有所涉猎，但是他不会限制
　　　你怎么怎么样。你自己对什么感兴趣就可以。

　　同时，在整个读博士期间，海宁的导师也注重培养学生宽广的知识基础
和独立研究的能力，鼓励学生多学自己感兴趣的东西：

　　　　我们的特点是前几年学的东西往往跟博士论文[没有直接关
　　　系]，就是你不是想着为了写一篇博士论文来学的，你要接触我刚才
　　　说的那几个方面[指史料、理论、语言工具等]，都是天空海阔地在
　　　这儿学，有兴趣的都学。而且我导师也特别强调这点，你们不能一
　　　开始就为了一篇论文来学。有些导师是这样的。恨不得你进来就带
　　　着题目，然后五年就为这个题目收集资料，哼哧哼哧写。但是我们
　　　导师就觉得，博士论文也不过就是个开端，你还是要有个广阔的知
　　　识积累，然后方法上，只要你最后有独立研究的能力，你要培养的
　　　是独立研究的能力，这几年能做到这一点就够了。有这个能力你博
　　　士论文写得差一点也没关系。五年写一篇自然比一年写一篇的质量
　　　高，呵呵。不过也未必。所以我们都是到，一般到第三年第四年才
　　　开始考虑博士论文选题。然后自己在那儿想想想，老师也不催你。
　　　我导师真是心态巨好，呵呵。心态特别好。到最后那个月，我说我
　　　想了一个开题报告，之前真的没催过我，后来写也是，好多老师都
　　　是问你写了多少字了？写几章了？给我看看呀？他从来不说。我跟
　　　他说，他就听。他也不拒绝听。给他看他也看。但是他不催你。这
　　　个月必须完成第三章？没有这个说法。

　　导师这种好的"心态"显然也建立在对学生信任和学生自主学习的基础
上，海宁本科期间就已经跟着这位导师上课，并且博士期间的学习和发表都
比较顺利。同时，海宁说自己同门几个师兄弟似乎都是和导师"性格相投"，
的确，访谈时海宁语速平缓，神情恬淡，靠在椅背上，自在地娓娓道来，颇
有些仙风道骨的感觉。

与海宁一样优秀，但风格截然不同的是环境工程专业的宇清。他是由外校保送到 A 大学的直博生，从事水污染方面的研究。他博士五年按时毕业，并获得了该校学术上的最高奖励。不像别的受访者需要我不断地追问，宇清十分熟练而完整地介绍了自己的学术经历。由于是实验性学科，因此他的经历更为结构化，但是到后期他依然享有较大的自由。

他本科四年级毕业设计时就已来到 A 大学，在导师的介绍下进入了水污染处理中一个比较新的领域。他在一位优秀的博士生的指导下，阅读了大量的外文文献，自己设计了一个微型系统，预计两个月完成实验。但是却出师不利，"一直遭遇到失败，不停地失败"，最后他把所有可能的原因列了"满满的两页 A4 纸"，"一个个排查"，终于找到了原因，在最后关头完成了实验并写出了论文。他说这个过程尽管压力很大，也经历了失败的痛苦，但是"经历了一个质的飞跃，找到了一个很核心的方法，相当于是初步进入了科研的角色"。

博士一年级，他一方面承担了不少学生工作，另一方面也努力上课，取得了年级第二的好成绩。此外，也要继续做基础积累，"阅读很多的文献"，因为"将来要选方向"。

第二年基本就开始科研工作，他非常幸运地在这一年出国交换，这在学校政策中通常是不允许的（一般是开完题的博士生方可申请国外大学联合培养），他跟着"本领域中工程界最厉害的一位教授，做的也是他最强的研究方向"，由于一年级时已经有了"100 篇左右核心论文的积淀"，到美国后他用了不到一个月时间就进入了角色，掌握了该实验室的"所有核心技术"。一个月之后，他"开始给其他人做培训"。这一年他也在本领域最好的期刊上独立发表了一篇 SCI 论文，并且有较高的他引率。从这个工作中，他又发现了几个关键性问题，并以此为突破口，陆续发表了几篇论文。

回国后，博士第三年，他一方面继续回到学生工作中担任重要职务，另外一方面，也在实验室"着手搭建自己的实验平台"。

> 回来之后呢，把国外好的东西，技术、理念、方法，全都引回来，再重新完善一下我的课题组的实验平台，开展新的实验，进展也还不错。那么，当时带一个本科生，这个本科生也很出色……带着他也是做实验，后来也是发了我的第六篇 SCI。

　　到了第四年，他认为这是一个"更加重要的总结提升的阶段"。他继续担任学生工作，在学术上也"开展了一些新的工作"。第四年的下半年，他甚至开始带一个外校保送来的硕士做研究。

> 老师给我这样一个机会我觉得也挺好。就是说他的所有的这个工作都由我自己来安排，我觉得我国内导师很重要的一点就是说，他给我的自由空间很大，就是全力支持，做什么觉得合适，就全力支持。

　　在这一阶段，他已经开始比较独立地把握未来研究方向，他说"我要继续做科研嘛，对思路的把握很重要"。

> 这一年，怎么说呢，最核心的一点，对我来说，是自己把握自己前进方向的一个过程。做科研的思路，以及怎么去训练人，怎么去尝试着带学生，从本科生再到硕士生，我觉得也是一个很好的锻炼过程，主要我可以试着去指导一些东西。

　　宇清的经历说明在由导师引入一个国际前沿的方向，并有机会与世界一流学者合作的良好条件下，学生自身主动性强，能力强，则其成长是相当快的，甚至在博士阶段的后期已经可以有较好的学术判断力，能够独立地"选择新的方向"。总结自己整个博士阶段的经历，他认为有几个关键点：

> 第一步，相当于是一个文献积累的过程，你对被研究领域有一个初步的认识。之后开始实验的实际操作，做毕设时有一个师兄带我，这个师兄也很出色，他发的文章在我们领域非常有影响力。这样一个师兄带着我，要求也比较严格，还是有很好的一个学习的过程。
>
> 再之后呢，有一个好的实验梯队，在这个梯队里有一个很好的快速成长。再之后呢，就是自己尝试着去，先是沿着导师的思路，你去尝试、探索。……就是说可能是导师给你宏观方向，你去沿着这个努力走并实现了这个方向，同时你又发现了新的问题，你再去解决，其实就是自我的完善的一个过程，也是科研的不断探索前进的一个过程。
>
> 再之后呢，就是沿着这个方向再往后走，然后自己选一个新的方向，再往前走，这样有一个正反馈了相当于。然后，最后是一个总结归纳然后梳理。再把这个博士阶段做一个比较好的完成。

谈到未来，宇清的计划是回到当时出国留学的实验室，继续做博士后，未来"还是希望从事环境领域的研究，争取再接着做学术，希望对这个领域有所贡献"。

不同于人文学科的"单兵作战"，理工科的科研常常是"团队作战"。海宁说"人文学者只能用一个脑袋思考，就是自己的脑袋"，而宇清说"团队合作很重要"，"只有'我'没有'们'，做不了"。因此，自由探究在不同学科里的意义是不同的。在人文学科，是自由地广博地吸收知识，自由地选择研究问题、方法、路径、风格，需要导师不急不躁地给学生提供一个成长的空间；但在理工科，似乎是一个上紧发条，开足马力运转的过程，在研究早期（在宇清的例子中，是本科最后一个学期的毕业设计阶段）就由导师指引一个明确的学术前沿方向，然后通过核心文献和实验技能的积累，学生逐渐成为这个方向的专家，站在学科前沿之后，他们则面临着进一步选择研究问题、开辟研究方向的任务。或许对于大部分博士生，博士阶段的训练还达不到这种高度，但我们已经看到在宇清的经历中，他俨然已经成为一个能够独立开展科研工作并且有效地指导硕士生的科研新秀。

研究领域工作模式和实验室风格也会影响到博士生研究工作中的自由度和独立性。A大学计算机领域某实验室培养博士生的模式是，第一年上课加自己看书积累知识，同时跟着老师或高年级博士生做项目，参与课题讨论，承担编程任务，积累经验、锻炼科研能力。到第二年、最迟第三年就会让学生独立开展研究工作。他们的研究项目常常是一年期的小项目，如果做好了还可以不断推进。具体项目的选择也跟学生个人的兴趣点有很大关系，导师用以申请科研经费的大课题只是一个很宏观的方向而已。该实验室的刘欣说：

> 老师会参与一定的调节，但是很多还是双向选择。比如我是个低年级学生的话，老师跟我说要我做什么事，那我可以说我不感兴趣。可能他也不会勉强，我可以再去选一些其他的。

刘欣自己做的是自己比较感兴趣的一个立体书辅助设计软件。谈到这个想法是怎么来的，他说：

> 到处看书，因为我喜欢看书。我有时候会去美术学院那块乱七八糟翻一些书，然后，反正就是有一次我看到一个，就是，一个，相当于是那种教程一样的东西，但是它并不是真正教你怎么做，它只是给了你一些图纸，你可以按照它那个来做。我当时就想，是不

是可以让计算机来帮助你做一些设计啊什么的。这样就是说，一个普通人你不需要像艺术家一样去锻炼去具备这样的经验，你就可以通过软件的交互来达到一些这样的效果。

在具体描述博士高年级阶段的工作模式时，刘欣说：

> 到高年级博士，你可能要自己带一个项目，因为这个时候你是一篇文章的第一作者，那事实上整个这个研究，这篇文章的过程都是你来带动的，从一开始的设想到中间你怎么样去把这些东西[实现]，就是这个时候是对你自身能力的一个锻炼。我觉得可能包括和以后的一些，就是公司中的很多东西都很像。就是你要发布一个东西，你要一开始写一个 proposal，提案，然后你把你的东西都说清楚，说给大家听，然后把一些对你的东西感兴趣的低年级博士生或者本科生给"忽悠"过来，让他们感兴趣，让他能够帮你一起，一起参与这些讨论，一起来出一份力。
>
> 同时你还得把这些东西跟国外的教授讨论，你得跟他们说，就是你得把自己的东西卖出去，让别人对你的东西感兴趣，这样才能有进一步的合作。以及今后在合作中可能要解决各种各样的问题。然后为什么说这个时候你可能需要锻炼一些交流的沟通的能力，同时包括外语写作的能力。
>
> 但为什么说前面那个阶段[指博士低年级的积累阶段]重要呢？因为前面那个阶段培养的，相当于是个人能力的一个东西。因为你有很强的个人能力的话，你在以后的高年级合作中，可以说你才有个人的魅力，你才可以把别人给更好地，把这个团队给弄起来。我觉得可能是这样子。

像这样的把自己的想法推销出去的能力，我所访谈的几位计算机专业的博士生都谈到了，而且有一位还特别强调这一点，觉得这是他所感受到的中国和美国博士生的一个主要区别，即自我表现的欲望和能力，"去说服别人，我这个想法非常非常好，非常非常重要，做出来有多么重要的意义"。他说自己是在博士阶段的后期才开始培养这种能力的。

与刘欣同一个实验室的周远最初在选择方向时，本来想做方向 A，但导师告诉他这个方向"不太容易发论文，研究得已经比较深入了"。导师"极力鼓动"他去做另一个方向[B]，"我感觉当时我最感兴趣的目标还是原来的方向，但是后来还是做了[B]"，"一开始也没有什么头绪，我就找我们这个领域最好的会议，看跟这个方向有关的论文，然后自己想办法想些题目去做。开始做了几个也不怎么成功，到后来才好起来"。他最后还是认同了导师的选择，说"导师看大方向看得很好，当时如果我们去做[方向 A]的话，可能也做得不错，但是发论文挺难的"，"你入门不算很难，但是你要做得比较牛就比较少，就是坚持下去的可能不大"。

计算机专业的另外一位博士生冯海说课题组的方向比较宏观，只是规定了博士期间的大概领域，但是具体写论文的想法，则"老师有时候能提供，有时候是自己找的"。他属于想法比较多的人，"但很多是不靠谱的"，"大胆想，但还要敢于否定自己"。他说导师带自己的方式是"管得比较松，你自己想做什么她不会特别地干预"，"这点还是比较感谢她"，"要做什么研究，基本上我有想法，跟我老师讨论一下，她不会给我特别多特别杂的活儿"。因此他觉得课题组给自己的空间比较大，比较自由。访谈中他多次谈到对博士生来说探索能力很重要，"就是怎么去找一些有价值的问题，发现一些有价值的东西"，要有勇气做没有答案的问题，"敢于探索"。可见，冯海注重研究中探索的自由，并且获得了导师的信任和支持。

电子工程方向的李建谈到对于研究方向的把握时说大方向是由导师定的，而自己在具体的研究过程中是可以"稍微走偏一点的"，只要跟导师做好沟通工作，导师认为"值得搞"就可以。但如果导师认为"不值得搞"，通常有两种情况，一种是技术思路是错误的，导师会给你讲清楚；一种是"项目比较急，客观上不允许你搞"，李建认为这种情况下"要理解，要去把老师的问题解决"。

显然，根据学生能力、主动性、学术表现、与导师沟通的意愿和效果等的不同，博士生在研究期间所达到的独立性或享有的自主把握研究方向的自由度也是不同的。在我的核心受访者那里，无论学科情况如何，所在的学术小环境都鼓励他们自由地探索，给他们提供了一定的空间，但通常情况下，博士生都会强调这得益于良好的"沟通"、导师的"支持"或导师的"风格"。而美国博士生那种与导师"争吵"的故事并不曾听到，反而是有一位受访者指出导师过于严厉乃至专制的指导风格使得自己在与导师交流的过程中有极大的心理压力，无法与其平等沟通，自己的学术观点不敢充分表达。而一位在 C 大学访问的博士生小李，在一次非正式访谈中，根据自己的观感指出，相对于美国师生间的平等、宽松的交流氛围，国内的师生关系相对紧张，给学生留的余地较小：

> 老师就是俯视的态度去看你。仰起头来，不对等的去交流，很多想法也不敢说，说不好还要被批评。……他觉得你就是来听任务的，你就是来接受命令的，你就到时候告诉我结果就行了。学生那儿还没说出三个字来，他就行了行了，没事儿你先走吧。

> 很多事情上，美国各个方面还是一种平等自由的心态。就是大家很多时候是互相讨论的一个心态，你讨论不可能是单向的，中国就是单向的"交留"，我交给你，你留下了，做什么。这边是我可以表达说我不同意你的观点，可以表达自己的思想。中国学生不敢说不敢说，到最后也就不会说了。

小李说的情况未必是普遍现象，在美国也并非师生之间都可以十分自由、平等地交流，如 Alston 事实上就指出处于职业生涯不同阶段的导师其指导风格、给学生的自主空间也不尽相同，并且认为师生之间十分和谐的关系不是那么常见的，总的来说还是导师会强势一些。而 Peter 也说"如果你的导师还没有拿到终身教职，他们就会超级紧张，成天催着你要结果"。但总体而言，在美国，正如 Carl 指出的，坚持自己的主张甚至与导师争论"并不存在什么文化上的障碍"。在笔者组织的一次关于中美大学博士生教育异同的小组讨论上，本科毕业于 A 大学、目前在 C 大学就读的计算机专业博士生小张说了这样一番话：

> 我在这边的导师说，中国学生非常勤奋刻苦。导师告诉他们做这个、做那个，他们就会很快地去做。但是你要是告诉美国学生去做这个、做那个，他们多半是不肯去做的。他们常常会跟教授说："我没做那个东西，但是我做了这个。"这点也很有趣。他们不希望被自己的教授限制，他们寻求指导，但不会把导师当成老板。

4.2.3　主动性

中国的博士生同样强调了在博士学习中主动性十分重要。上文提到的环境专业的宇清强调读博期间最重要的就是"目标、规划、执行"。他对自己的目标定位就是"将来做学术"，因此核心任务是在学术上，但同时要兼做社会工作，并且要"全面发展"，有丰富的业余生活。有了总的目标之后，他说博士五年的阶段性目标，就是"首先是基本的博士论文完成，之后是 publication，然后 network，然后整个其它的综合素质的提高"。

> 之后呢，再往下细分，中期和近期目标，每一年到每个月有一个目标的确定化和精细化过程。再之后就是，确立目标之后，就全力地去拼搏。每到一个时间点，该干什么就干什么。

在我们两个小时的谈话中，他 23 次用到"目标"这个词。他认为作为一个成功的博士生，非常重要的是"确定目标、统筹规划、全力以赴"。他自己的科研经历也很好地诠释了这种积极主动、专注投入的态度。他谈到自己在美国访学的经历时说一年 365 天自己整整工作了 360 天，圣诞节学校没有公交他冒着严寒步行 40 分钟到学校做实验，还帮那些不能到学校的同学"带实验"。直到临走的前一天还在实验室，最后匆匆忙忙打包，"好多东西都是秘书帮忙寄回来的"。

数学专业的林涛称最自豪的事情就是自己遇到问题善于发挥主观能动性，他谈到本科时期他和几个朋友督促系里使用更好的教材、开设一些基础理论课程等；谈到他们主动为考研的同学开设义务辅导班；在保研面试的时候主动争取到另外一个组的面试机会；在导师布置的研究选题无法推进的情况下积极找到外系博士生合作研究另外一个问题并顺利做出了突破发表了论文等。他说：

> 我觉得博士期间，最重要的是，我听过一个国外的教授讲，他写了好多本书，How to survive in mathematics 之类这样的书，他就讲博士期间最重要的就是 talk to people。我觉得太对太对了。其实在我的理解中，就是说要主动一点。做任何事情都要主动一点。

他在整个访谈过程中，多次谈到"沟通"、"找人聊"，说自己比较自信的一点就在于自己喜欢跟人聊天。而这一点，他认为是中国的博士可能都不那么注意的。因为在他身边就存在不少因为遇到困难不善于跟人沟通、想办法解决而使得研究停滞不前的例子。

> 我需要聊的时候，我会找一些我认为该去聊的人聊。其实这一点不仅仅是做学问。在任何地方都是这样。你发现遇到问题了，就多找人沟通嘛，这个非常重要。这个问题绝对不局限于学术上。我觉得各种问题都是这样的。

生物方向的刘倩谈到自己第一篇发表的成功来之不易，她当时需要做医学性质的实验，向活的生物体中植入材料。自己从来没有做过这样的事情，于是她通过朋友找到一位医生帮她做实验，这位医生因为时间紧张就干脆教她做，再由她自己完成动物手术。刘倩说"博士生这个阶段想要发展成什么样，肯定是自己主导。另一方面也要跟导师协调好，你不能不征得同意。你如果师生关系弄得很僵的话，肯定也弄得不愉快"。谈到未来学术路上可能遇到的困难，她笑称"像我们这种办法比较多的人，总是有办法的"。对于身边一些博士生科研上遇到的困难，她说有的可能是一开始选题难度就比较大，这样容易遇到困难，发表文章比较慢。但是作为博士生还是应该"态度积极一点"，

> 反正态度要积极一点吧，就算遇到困难的话，你去跟导师沟通，然后自己多想想办法，未必是向他想的那个方向发展，你给他想出另一个办法来也可以嘛。就是要积极，要把事情推进，不能躺在那儿说，我就是做不出来了。时间一下子就过去了。

但对于身边博士生的主动性，她觉得不是很乐观。"好多毕不了业的博士生，把自己关五年，人就越来越萎缩了。他自己也不知道前途在哪里，甚至不知道自己怎么才能拿到这个学位。好像放弃了，就这么得过且过每一天"。

> 博士生的自主性平均来说不是很乐观，大部分还是等着老师说干嘛就干嘛，而且一有困难就躺在那儿不知道怎么办了。因为老师不可能对你实验中的困难有所指导，因为他好久不做实验了，他也不知道怎么办。所以你就得自己去想办法，然后去找有经验的师兄师姐去问，全靠自己。否则你在那里就是一遍一遍一遍地重复。有时候会有这种问题，就是你一个实验做不出来，卡在那里两三个月。一个实验的周期就两三天吧。所以你肯定得去问人啊，哪怕请一个人回来给你做一遍看看，肯定比你自己摸索错在哪儿[要好]，因为哪儿都有可能出错。人性格一定要开放一点。很多都是新实验，大家题目不一样，你涉及到的实验师兄师姐未必干过，而且实验手段也在进步，你用的新机器，师兄师姐未必用过。一定要主动一些，所以做点社会工作也是好的嘛，可以认识很多人啊。我们系里从系主任就不同意做社会工作，觉得浪费时间，确实找工作的时候社会

工作的经历没有用，所有人都只看发了多少文章。当然，反过来说你如果实验的沟通能力很强的话，你做社会工作肯定也没什么问题。两个相通，做什么工作最后都要跟人打交道嘛，不可能全靠自己解决。

可见，主动性是博士生顺利完成学业的一个非常重要的品性。博士阶段的学习和研究更加个人化，加之实验和研究的过程中也有诸多的不确定性，因此，博士生应当有积极主动、善于沟通、及时解决问题的良好习惯。

4.2.4 学术道德

在美国的访谈中，我并未刻意问起学术道德，但哲学系的 Aaron 却对此大谈特谈。于是回国后的访谈，我所列的提纲里涉及了这一点，但也只是作为受访者自己可以选择的一个点来谈。结果，计算机系的两位博士生谈到了这一点，周远说他们的导师何老师"总是把学术道德挂在嘴边"，"抄袭肯定是零容忍的"。刘欣说学术道德相对于其它方面"是比较独立的"，他对学术道德的理解"首先是不抄袭，这是一个最基本的道德"，"另外一个是说要诚实，不要造假"。

除了这些共通的基本学术规则之外，刘欣谈到了人情关系与学术诚实。如审稿时"审到熟人的文章会不会给他一些帮助，审到关系不好的人的时候，会不会故意整他一下"。他说这些都和一个人平时做人是否诚实有关系。

而周远在谈论别的话题时，费了不少口舌讲了"学术投机"这种心态，即"为发论文而发论文"，只是去找自己领域里容易"灌水"的方向去发表文章，而不是"想真正研究一件事情"，或真正解决一个问题。尽管他本人并未将此作为"学术道德"的话题来谈，但这事实上表达了他的一种学术诚实的态度，即认为理想的学术工作应该是有价值、有意义的，是"真正的研究"，而非只为发表论文。

另外一处与学术道德相关的话题，是我给历史专业的海宁看该专业一位老师关于历史学道德关怀的讲话时，他表达了自己的看法。他认为历史学对真相的执着使其放弃了有用性和刻意的服务意识、以价值中立的姿态做研究，这本身就是一种道德关怀。

对我们来说，问题的价值是看它在知识体系里能不能给你带来新的认识，而不在于这个问题解决了对社会有多大的经济收益。它求真，到了一个可以放弃这样的世俗的有用性或者世俗社会的承认的程度。所以，这本身就是一种道德关怀，是一种对世俗利害的一种超脱。

海宁这里所表达的显然也是一种超越简单的不抄袭、不做假意义上的学术诚实，是实事求是地对待知识，追求真理，而不曲意逢迎或以利益为导向。

因此，对于中美受访者，学术诚实事实上都超越学术规范的范围，而来自于一种对真学术的理解和内在的理智诚实在学术事务上的体现。

4.2.5　追求卓越

相比于国外的访谈对象，国内的访谈对象更加主动和频繁地谈起对学术卓越的追求。有的人更多地从内在的视角谈，如求得更广博和贯通的认识，或者求得更深入的理解，更有解释力的理论，更新颖的观点，或瞄准一个有潜力的学术方向持续努力；有的人更多地从外在的视角谈，如发表论文的数量、级别、影响因子、被引次数等。

计算机系的周远说在本系一篇 SCI 或两篇 EI 就可以博士毕业，但导师对实验室的科研水平要求很高，一般的 SCI 文章"根本看不上"，要求大家瞄准本领域最高水平的会议去投稿，并且在经过几年摸索之后，形成了一套战略战术。

> 因为每年年底是这个会议的论文截稿，所以，按何老师的话说就是，每年到年底就要打一场大仗。就是按战争来准备的。搞几个小组啊，大概是在每年 6 月份的时候开始想题目，想到了题目之后，可能每个题目安排两三个学生，组织做下去，大概做到年底的时候就开始投稿。但是也会看一下，如果实在是做得做不下去的也就算了。然后这段时间里面每周就组织讨论，讨论进度，讨论困难是什么啊。每周都会，但是到了最后的时候可能会集中一些，每周会讨论两次。

周远在实验室已经待了五年多，他说整个实验室都有过很多摸索，"一开始搞不清楚论文到底哪些东西重要"，只是觉得有一个好的想法，然后努力去实现，最后编出程序，得到结果，"感觉上跟自己看到的论文也差不多了"，就"花几天时间写出来投出去了"，"结果被批得一塌糊涂"。最后他们发现，原来在本领域，论文的包装、写作，尤其是图片结果的精致处理是十分重要的，这部分地是通过与国外教授的合作中得到的经验。周远谈到自己与一位海外华裔教授合作的经历，特别谈到对论文质量的"精益求精"：

> 他是从微软出来的，他们投这个会议很有一套，他当时就把我push得够呛，但确实出成果。当时他对这个文章的质量精益求精到什么程度，我当时调啊调，调例子，把那个结果调得特别好了，我觉得已经不能再好了，我当时很欣慰，我觉得这个结果可以看了，我给他了，当然我肯定不能给他一个，我拿最好的，然后还有稍微差一点的，可能十几个里面挑了几个能看的，然后给他了。然后他给骂得一文不值，说最好这个是最低等级的，将将能用的，剩下的都得扔掉，重新做！我当时那个痛苦啊。然后就，又回来接着搞。但是不管怎么说，这么搞，确实就把质量搞上去了。其实最后就是个精益求精的过程。

计算机系的冯峰只用了四年就直博毕业，并被美国一家知名公司高薪聘用。在外人看来，他已经是无比光鲜的成功者，但是他却自嘲为没有远大目标的博士生。我请他解释一下有远大目标是什么意思，他说：

> 远大目标是指已经确定了自己的目标以及某一个角色，然后想到了十年二十年之后的。但是其实这一点上导师对我们一直是这样指导的，就是你们读博士不是要发几篇论文就算了。你是最终想要做出些东西。而且一个人的成功是以他最终达到的高度，而不是以他以多快的速度达到某一个高度。他不是一个比速度的，而是比最终的[高度]。所以我觉得有远大理想是指，比如说，我觉得我有些同学做得好一些吧，比如说他们对某个理论很感兴趣，就会一直这样做下去，然后，接下来可能二三十年都会去做这个，我就要解决什么什么问题，从这个方法走下去，就非常长远的这样的计划。

> **问：那你觉得身边的博士生能够有这样的规划的人大概占多大比例？**

> 不是很大吧。首先有这样规划的人肯定是对自己做的东西很感兴趣，否则他不会这样规划的。所以这个比例就已经少了很多。其

次由于现在做学术的也比较多了，毕业的压力也比较大，所以在这
个压力情况下，如果把目标定得很远大的话，也会有一些人受到一
些打击、影响。所以其实比例不会非常大。但是，其实国外的话，
虽然有很多人 quit 了，但是留下来的人往往还是有这样的目标的。

可见，在冯峰看来，有无内在的兴趣和毕业的压力会影响到博士生如何
选择学术发展路径，是以毕业为追求，还是以做出实实在在的学术成就为追
求。他谈到自己出国交换的经历时，说自己特别佩服那边的两位研究者，反
复强调他们的"思维深度"和"做研究的态度"，即不是为了发论文而做研究，
而是纯粹地出于思考的乐趣，出于更深刻更全面地理解问题的智识动机。

周远也十分向往这种"深入钻研"的学术态度，他说：

你要是真做一个方向做得很，你工作做得很系统，你在这个领
域很钻研得很深，那你可能真能达到国际上最高的[水平]，像美国
名校的那些小组，他们至少要在一个方向上做成这个级别，就是他
这个方向做得特别精，基本上就是那种"一招鲜，吃遍天"的。做
成这种还是很牛的。

历史专业的海宁刚刚进入博士后阶段，他博士期间已经有很好的发表记
录，并且顺利完成了博士论文，但他谦虚地说，博士毕业仅仅就像游戏中的
"training 模式"刚结束，只能说刚刚找到点门道，"知道怎么做了，但肯定还
没做"。

我觉得什么积累都还没开始。就是我刚刚说的嘛，假如你要做
这个断代的历史的话，起码要把这个断代的文字看遍，那现在才看
了有百分之十吗？可能都不到吧。而且那知识是不断更新的，新的
研究不断在出。而且现在已有的重要研究也不敢说你都领会透彻了。

同时，他觉得，作为人文学者总是追求一种"贯通"的，他感觉在自己
研究的断代之后的历史自己"知道的还比较少"，"以后还是应该加强一些"。
因为"研究一个专门问题，最好是能够贯通古今"。而这在学术上有时是很高
的要求，需要长期的努力。他饶有兴味地讲了一位教授的轶事：

我想起以前我们一个老师，现在是元史的教授，他说他以前读
博士的时候，一位老先生希望他能打通四大汗国，蒙古不是四大汗
国嘛，然后每次见他问，打通了没？打通了没？（笑）因为打通四
大汗国的历史，中文是远远不够的。至少蒙古文你要懂，波斯文是

比中文更重要的，是在这几个汗国里通用的，然后你还要懂一点拉丁文，因为西边欧洲是用拉丁文来记录这些东西的。反正那要懂的就多了，涉及到中间的还有突厥啊这些民族的事情。他最后选择的方式不是这么打通，是纵向打通，从时间脉络来打通。他做元史的，但是知识面特别广，他家的书特别多，据说地板都被书架压弯了。楼下的人过来投诉。呵呵。他家里有一间屋子就像图书馆那样放书，不像我们这样靠着墙放书。他是一排一排全是书架。

教育学方向的王阳认为理想的情况下，一位博士生毕业的时候应该在自己所研究的这一块内容上，"在国内达到一个很高的高度"，"站在一个比较领先的位置上"。具体地说，包括"对材料的掌握"，"对问题认识的深度"，"大量参考他人观点"的基础上"形成一套自己的观点和看法，然后坚持下去"。他特别强调一定要有"自己的话语"或者说"自己的思考"，"把问题说明白"。而更高的要求则是"理论上有所贡献"，"关照基本的问题"，这就需要"看更多的书，做更多的积淀了"。

"水平"、"层次"、"原点"、"基础"、"学识"、"眼界"、"深刻"等词在王阳的叙述中反复出现，体现出他对真正高水平学术的追求，但这种向更高处攀登的过程也充满了焦灼感，尤其是面对毕业的压力时，时间的有限性与学术追求的无限性的矛盾，学术发表的数量与自己对学术品质的要求之间的矛盾，一直困扰着他。一方面，他希望快刀斩乱麻，尽快完成博士论文，受访时他正在撰写博士论文，他说这个时候"最怕跟权威谈"，"因为他们肯定说让你读很多书"，但是现在自己需要的是"野战医院那种一刀子下去能救你命的"，"虽然很痛，也不解决根本问题，但是你性命无忧了"。

> 现在就需要有一个野战医生来好好给我诊断一下，别在这儿再磨蹭了，赶紧写，赶紧弄，赶紧弄个初稿出来，我现在需要的是这个，不要在屋里细想细想的了，你要细看的话[实在来不及了]，我刚才还在图书馆借了几本书，复印去了。

他还提到如果可以再选择一次的话，他依然会选择来 A 大学读博士，但是"开题之后不会花那么长的时间纠结，赶紧得把论文给做出来"。现在这种工作方式"将来是要吃大亏的"。

> 如果按照这种方法来做的话，那别人的论文现在评职称、搞课题什么的都要那个呀[论文发表]，都是靠那个吃饭的，你还在那儿

纠结怎么写，写得好坏，看的书多不多，那你就完了。他们都说我的论文多，我说多什么呀，你真是不知道人家别的学校的情况，或者说你看看我以前同屋那个宿舍的哥们，博士期间发了 18 篇论文。

尽管有这种尽快毕业和多发文章的焦虑感，但王阳事实上还是无法做到"拿来材料，看了之后，管它是好是坏，就可以写"。

现在就是需要这种方法来写，但是呢我的想法就是说，还应该再看一看，看看书，看看其他的东西，看看文章，然后再来综合一下，或者再来写，好像是这样。

由于追求言必有据，王阳的博士论文创作之路显得格外艰难，这种艰难之中体现出他对于学术质量的执着追求，但也折射出一个以质量为追求的准学者在我们的学术体系中活得是辛苦的，毕业的压力和发表的压力不断冲击着他对深度和质量的要求，使他长期陷入一种焦虑状态。

4.3　小　结

中美受访者在关于学术经历的叙事中，都强调了自主性，也都享有较充分的自由，对学术道德都比较重视，但依然可以看到中国博士生享有的自由度是在导师"信任"、"支持"的条件下，而美国的两位受访者则津津有味地谈论为了坚持自己的想法而与导师争吵的经历，这在一定程度上体现出文化的差异。

美国受访者表现出对学术交流的一种强烈偏好，会对找到志同道合的交流者、合作者十分兴奋；但中国主要是理工科的博士生谈到与国外学者合作写文章的经历，主要是面向英文发表的合作。美国哲学专业的受访者表现出对学术诚实的高度自觉，主动提到并充分展开论述，分享个人的故事，超出一般所理解的学术道德的层次。

中国受访者与美国受访者最突出的差异是，学术发表在中国博士生的叙述里是一个反复出现的重点话题。对于不少人，在读博的初期发表了文章，找到了感觉，得到了学术体系的认可，这是激发他们最初的信心和兴趣的契机，从此他们开始尝试在学术的道路上走下去；对于理工科博士生，他们的整个读博生涯是围绕着做研究发论文展开的，甚至生活节奏、科研节奏都与每年国际会议上的论文发表协调起来。同时，在人文学科，求职市场上水涨船高的论文发表数量和对"贯通"、"深刻"的学术质量追求之间的矛盾形成一种巨大的心理压力。

第5章 前路:职业期待中的学术品性

"淡泊名利"、"甘于寂寞"、"献身学术"似乎是许多人理想中的学术品性,这与对学术职业的认识和态度息息相关。因此,博士生关于未来职业选择和职业发展的叙述可以帮助我们了解其内在的价值观念和学术品性。

5.1 美国:有限预期,注重内在感受

二战后的婴儿潮一代进入大学使美国在 1960 年代经历了一次高等教育的大扩张,因而,许多研究者预测随着扩张期大学教师退休,1990 年代美国高等教育界将产生许多新的工作机会,但这种预言却并未成真。美国高等教育的师资结构 1970 年代以来发生了较大的变化,其中非常重要的一方面即终身教职的比例越来越低,而全职非终身制岗位以及兼职岗位则越来越多。这意味着,博士毕业生找到终身轨教职的难度也越来越大。

此外,美国高校教师的收入自殖民地学院时代就一直低于同等受教育程度的其他专业,可谓是一个相对"清贫"的专业,直到现在,大学教师的平均收入依然低于医生、律师、工程师等。(Schuster et al, 2006) [245]

表 5-1 1999,2003 年不同专业的平均收入及其与高校教师的对比

专门职业	1999		2003		
	年薪（美元）	高于大学教师（%）	年薪（美元）	高于大学教师（%）	1999-2003比例变化%
律师	90360	50.4	107800	63.9	13.5

法律行业（加权）	85786	42.8	105325	60.2	17.4
医务工作者（加权）	90718	51.0	106525	62.0	11.0
计算机和信息科学家及研究人员	67180	11.8	84530	28.6	16.7
工程师（加权）	66104	10.0	68349	3.9	-6.1
生命科学和自然科学研究人员（加权）	51940	-13.5	1276	-6.8	6.7
以上职业（加权）	75369	25.5	83955	27.7	2.2
大学教师总计	60070		65752		

数据来源：Schuster J H, Finkelstein M J. The American faculty: The restructuring of academic work and careers. The Johns Hopkins University Press, 2006, P245

由于高校教师工资收入不高，因此工资之外的许多福利成为该职业的加分项：如在教学中得到的内在满足，做出原创性研究贡献的机会，工作日程设定的灵活性，旅行的机会，较长的假期，可预期的晋升以及工资提升，最终得到终身职位所带来的安全感等。（GSAS，Harvard University，2011）[4]

因此，选择教师职业也就需要博士生与一种特定的生活方式形成认同，注重教学和科研所获得的满足感，相对于高薪更看重工作的灵活性、自主性和意义感等。

对美国博士（生）的访谈，他们所自然表露出的态度恰恰印证了以上基本事实和主流观点。访谈中，多次有人表达如果想挣大钱，他们不会来读Ph.D.。显然，走上学术这条路意味着过一种普通中产乃至相对清贫的生活，美国博士生在选择读Ph.D.之前就是很清楚的，在历史、哲学等人文学科情况尤其如此。历史专业的Bill说：

> 如果我的主要目标是找份好工作、挣很多钱，那我是不会来读Ph.D.的，至少不会来读个历史学的Ph.D.。所有美国史专业的博士生们本科都在很好的学校读的，有很好的学业成绩，他们现在就可以出去工作，挤掉那些目前在工作的、资历不如他们的人，比如在一个咨询公司或者什么的。但是，钱不是他们的主要目标。他们的主要目标是比挣钱更难的事情，能够给他们带来更大满足感乃至更大幸福的事情。

　　对 Bill 而言，他并非无可选择而选择了历史学 Ph.D.，反而正是因为自己可以选择，所以选择了"比挣钱更难的事情"。Bill 认为每个人应该在自己的条件和限制内做自己能做的事情，每个人都需要挣钱，假如一个人没有任何别的选择，只能"到一个糟糕的公司，挣钱糊口"，那对他而言这就比"不工作、喝西北风"要好。但是"如果一个人有很多机会，但选择了挣钱最多的工作，这个人也有点危险了"。"因为他在做一件虽然挣钱却并不给自己带来幸福感的工作，最终他可能会发现自己的选择并不明智"，他说"这种事情是会发生的"。这说明，在 Bill 看来，一个人只有基本的物质需求有所保障，在有安全感的基础上，才更有可能去选择给自己带来更大满足感和幸福感的事情；而且一旦基本的物质安全有所保障，一个人也应当超越只为挣钱而工作的想法。那么，这种"满足感和幸福感"究竟从哪里来呢？Bill 说：

　　　　我刚刚谈到了自己最重要的人生目标是做一个有用的人。我觉得感到自己有用，是一件让人满足的事情。所以，对我而言，当我思考哪些事情会让我觉得幸福时，我会想到的是，有人对我说，你教会了我很多东西，你改变了我的人生，你对我帮助很大，等等。我很享受这种时刻，或许你可以说我是自私的。但是这对我确实很受用。

　　　　我想，挣足够的钱来照顾自己、照顾家人也是非常重要的。所以，我希望也同时能够做到这些，但是我想，挣钱本身并不是目的，它本身也并不必然带来幸福。因此，从财务方面说，我的目标是，用我的一个日本朋友的话说就是，钱不在多，只要有点生活、有点娱乐、有点积蓄就够了（We only have to have enough money to live a little, play a little and save a little）。所以，这是我在挣钱方面的目标。

　　对花费不少年头读一个无利可图的历史学博士 Bill 十分坦然，同时，他对于紧张的就业形势也并没有表现出过分的焦虑。他很清楚大部分博士生都不能成功地在大学找到一份教职。因此，他强调读博士本身的价值，"因为它是关于原创性研究的，你的博士期间的工作本身已经是对人类知识进步的贡献"。他强调这是 Ph.D.区别于法律博士等专业学位之处，读一个法律博士并不需要做研究，主要的目的是换取一份律师工作，否则"你可能会觉得自己做了错误的决策"。尽管 Ph.D.毕业之后，你可以想办法将你的知识和能力应用于工作场合，但即使你没有再做任何与博士论文研究相关的事情，"那也没有关系，因为你已经为学术做出了自己的贡献"，而你所从事的研究"会增进自己对生活其中的世界的理解，使你感到更幸福"，而"更幸福地生活，这是每个人的人生使命"。因此，Bill 自己读博的主要目的是"完成一本书"，"如果我找到了一份很不错的工作，那当然更好，但这并不是我回来继续学业的原因"。他说，如果他要建议别人读 Ph.D.，他一定会告诉别人，"最重要的事情是，你应该对自己所做的工作本身感到满足"。

哲学专业的 Aaron 也强调学术职业内在的"满足感和意义感"以及外在的"声望"即所获得的"社会大众的尊重"对薪资不足的补偿：

> 有些专业，你读了博士基本上就意味着你今后要从事学术职业，如英语、哲学、文学、古典文学等。这些专业会更强调学术性，以培养学者为目标。读博士的人，或许将来不会拿到太高工资，但他们获得了一种社会声望，一般来说能够赢得社会大众的尊重。而且如果你热爱研究和教学，那么这份工作本身就是给人带来满足感和意义感。这种声望和满足感也是一种补偿。满足感还包括你完成自己的作品，看到它发表。如果你是做科学研究，你甚至能够做出一些改变世界的发现。

经济学的 Mary 也谈到如果想挣钱她当初就选择法学院了，她认为幸福就是做自己喜欢的事情而不是挣很多钱。工作方式更灵活，时间由自己掌控，做自己感兴趣的事情是她更看重的。

教育学的 Issac 对于金钱的态度更加坚决，他说：

> 我的很多同学选经济学专业是因为他们想挣很多钱，而我觉得钱根本不重要（money was completely irrelevent），钱并不能使我幸福，而做自己喜欢的工作对我来说非常重要，这比挣很多钱更能令我开心。

应用物理专业的 Alston 在解释自己做学术的原因时说了这么一句话："这个世界上像我这样的幸运儿真的不多，我受过良好的教育，我天赋还算不错，我的家庭环境也还可以，允许我选择一份低工资的工作。"因此，在 Alston 那里，良好的天资、教育和家庭环境并不是换取更多财富、更大权力或更高地位的筹码，反而是为选择自己喜欢的但是工资较低的工作提供了保障。

当然，不同的学科、不同的人对学术职业的认同程度不同。总体来说，理工科在学术界以外的研究开发岗位更多，收入更高，因此，博士生对学术职业形成认同的成本更高。已经在加州大学洛杉矶分校找到教职的 Brandon 说并不排除自己以后可能会去业界工作，因为他"的确关心能不能挣到足够多的钱"。

> 你也知道，拿个博士学位不容易，得4-6年，这期间你也没什么收入，有些人甚至要负债，如果你要花这么多时间，付出那么多心力，你很可能就会问，如果同样的付出在别处是不是就能给你更多的回报，比如当医生啊或者律师啊，要比做研究挣钱多得多。就算你决定了做科学研究，如果你能在工业界找到一份工作，比如在银行做投资什么的，你可能做类似的问题，但是挣更多的钱。当然这类工作灵活性较少，更加结构化，但你很容易就可以挣到双倍的钱。

但是，Brandon 指出在学术界工作也有很多好处，如有更大的自由度来选择自己想研究的问题，"上头也没有老板，虽然有一些规矩要遵守，但总体上还是有很大的灵活性"，"这对一些人来说是种很好的生活方式"。因此，如果有一份非学术界的工作，可以让他"做同样感兴趣的问题"，而又能得到更高的工资，他并不会拒绝。他坦然地说并没有把自己绑定在学术界。尽管立场有别，但他对学术工作性质和特征的认识却也是符合主流观点的。

如果说兴趣是吸引美国博士生进入学术职业的一个强有力的因素，自由度、幸福感和满足感在一定程度上弥补了学术职业的收入不足，那么社会责任感则进一步强化了选择学术职业的意义。根据所在学科的不同，这种责任感的指向也有所不同，有时它主要指向知识本身，有时它主要指向社会改进。但我发现在美国，即使是基础学科（如哲学或历史专业）的博士生也会有将所学应用于社会，做一个"对社会有用的人"的观念。

Megan 对环境问题非常关心，主要研究全球变暖的问题。她强烈地体现出一种关注实践问题的取向，对于身边一些从事环境研究但看起来却不真的关心环境问题的人感到十分不满，她把改善地球环境作为自己的使命与理想。

经济学专业的 Mary 因为关心教育问题而选择了教育政策研究的方向，她觉得"最有用的研究是能够应用到社会中改善人们生活的研究"，她不赞成"纯粹为了自己的乐趣而搞研究"，在她看来"通过研究影响公共政策，让人们的生活变得更好"，"这才是做研究的终极目的"。

Issac 说自己现在学习如何做教育经济学的研究，希望回到荷兰后"与政府或其他机构合作，在整个国家的层面，而不是单个学校的层面，提高荷兰的教育质量"。

应用数学专业的 Brandon 本科时代修过数学、物理、应用数学三个专业。但他说自己最喜欢的是应用数学，虽然说数学问题本身的美对他也有吸引力，但是"如果一个问题的研究最后能够产生某种价值，那我会更有动力"。

哲学专业的 Aaron 说在研究型大学和文理学院，学生们学习不是"为了拿到好分数"，或者"为了取悦教授"，也不像职业学院那样"更注重适应市场需求的技能从而找到好工作"，而是为了"成为博学之士（knowledgable）"，而"你想成为博学之士，仅仅是因为学问本身"。但同时 Aaron 认为作为一个哲学领域的学者，除了对学术界的责任以外，他有必要在任何可能的场所和机会"促进一种批判性思维"，推进公共理性、提高公共舆论的质量。

同是哲学出身的 Ron 在访谈中也多次主动谈到学者的社会责任，他说确实应该有那么一小撮人去专门进行批判性的思考，不断去教育公众，作为社会良心的守护人。他没有树立一个躲进书斋做学问的学者形象，反之，他所塑造的那种学者形象，是有一种强烈的社会责任感的、不断与社会保持沟通和交流、并以自己的专业素养为社会做出贡献的公共知识分子的形象。

历史专业的 Bill 在谈到自己对一名优秀学者的理解时说：

> 我想最重要的事情是对学科知识做出贡献，能够提出有意思的问题，可以在某种意义上推动知识前沿，以一种在其他人看来合理的方式回答这些问题。这是最重要的一点。其次，是参与学术职业，发表学术著作、学术论文，参与学术会议，或者网上的一些文章和讨论等。第三，参与你所在的社区生活，比如教本科生等各种各样的事情。或许还可以加上第四点，就是在国家和世界上作为一名学术型的知识分子参与公共生活。但这是一种公民的义务，无论你从事何种工作。

现代的学术职业本身也是一条谋生之路，但它不止于此。不少美国受访者都谈到了学术职业超越谋生层面的价值，如满足感、意义感、责任感等，并更加侧重这些价值。我们所呼吁的"淡泊名利"的学术品性，的确在美国博士生那里体现了出来。这一方面取决于基本的职业报酬带来的安全感，如 Bill 认为"在美国，进入学术界，在经济上是不用发愁了"；另一方面也取决于个体的价值导向，即在基本物质需求满足的基础上，更注重精神满足而非金钱收益，将"幸福"作为人生的最高鹄的，并且这种幸福的实现是个性化的——从事自己喜欢的工作并为社会做出贡献。

5.2　中国：结构压力，强调外部要求

历史系的海宁和数学系的林涛都认为国内博士的就业形势目前整体是好过国外的。欧美日等发达国家由于高等教育发展得更早，职业机会饱和程度更高。美国研究型大学即使是在毕业生可以全球就业的优势之下，找到教职依然不是十分容易的事情。

海宁谈到自己在日本交换时认识许多人都做兼职教师，有的甚至在五六所大学兼职授课，但同时还必须努力发表文章，以求在同辈人中脱颖而出最终进入优秀的研究型大学。至于芬兰，他所在的方向甚至都已经没有本国学生，只有少数几个来自中国和蒙古的留学生而已。他认为由于中国高等教育规模较大，不同层次、不同类型的高校都有，因而事实上中国博士生的就业空间更大。

林涛也谈到虽然博士就业压力越来越大，但是相对于英美还是略好一些。在英美国家，即使是顶尖大学的博士毕业生也常常需要做一两个博士后才能找到教职，然后经过几年努力或许才能拿到终身教职。而中国前几年的情况是博士毕业之后就很容易拿到事业编制的教职，现在虽然是越来越有难度，但总体来看就业形势还是好于美国。

在基本面情况不错的情况下，受访者谈到了一些结构性因素的影响所带来的不确定感和焦虑感。这种结构性压力主要来自五个方面：（1）留校情结；（2）离京顾虑；（3）海归竞争；（4）生活压力；（5）发表压力。

就读高校与就业高校之间的层次差距常常会给博士生带来一定的心理落差。优秀博士生"留校任教"曾经是精英大学中比较普遍的现象，但20世纪90年代后学界对学术"近亲繁殖"问题展开批判，认为这种现象会造成诸多不良后果：如从知识生产的角度看，研究者认为"近亲繁殖"容易造成学术思想的单一和保守，使知识同化、僵化、老化，从而不利于博采众长、交流创新、学术繁荣（朱忠华 等，1989；范广恩，1997；吴福儿，2006；李阳琇等，2007）；从学术团队的角度看，研究者认为"近亲繁殖"容易造成关系网、裙带风，选贤变为任庸（范广恩，1997）；从高校教师聘任的角度看，研究者

则认为"近亲繁殖"使教师岗位不能开放竞争，致使需要的教师进不来，不需要的出不去，人员积淀，师资队伍水平难以提高（马莉，2001）；从学术市场的角度看，研究者认为"近亲繁殖"不利于形成开放性和流动性的学术劳动力市场，从而长期看来不利于一国的学术发展（阎光才，2009）。在这种背景下，教育部《关于新时期加强高等学校教师队伍建设的意见》（教育部，1999）提出，到2005年在"改善学缘结构"目标上应达到"在校外完成某一级学历（学位）教育或在校内完成其他学科学历（学位）教育的教师应占70%以上"。

因此，留校任教或在同一层次的高校找到教职成为越来越难的事情，这对部分博士生的求职带来一定的紧张感和不确定感。如海宁戏称像自己这样一路从B大学读上来的博士生是"被养得太刁了"，选择高校时"恨不得211里再掐掉一大半"。

> 我感觉本科从这儿上来的人多少眼光要高一点。甚至有眼高手低的也难说。不管手低不低，反正眼光够高。这也看不上，那也看不上。限制自己。

受访的博士生中，多人都表现出了留校的意愿，有一位是留校任教的博士，有两位希望通过到国外做博后而获得留校机会，还有两位是发现留校没有希望之后转而寻找其它机会。A大学留校任教的金融专业年轻教师谈到他们一般不鼓励自己的本科生在国内读博时，因为最大的问题是"出口的问题"：

> 原来学校自己还能解决一部分，现在基本上都不留了，不鼓励这样的行为。你要去其他学校找呢，关键人家都盯着国外的看，对吧。就是这样的。然后，比较差一点的学校呢，又不乐意去。所以就造成，想做学术的就直接去国外，如果在国内念博士，目标就不一定是做学术的。

第二个结构性因素是离京顾虑，由于大部分博士生希望留京，对于离开北京有一定的顾虑，于是"就业空间一下子小了很多"。林涛谈到：

> 像我们同学，北京工商大学、首都经贸大学、北京工业大学、北方工业学院这些找找看。即便是外地有很好的给你，你都不愿意出去。这是很多因素的问题。

但近年来北京高校的毕业生到二三线城市就业的情况越来越多。林涛表示自己会优先考虑北京的高校，但不会为了留北京而放弃外地很好的大学选择北京较差的高校。他说自己问了很多朋友为什么不离开北京，有一句话最说到他的心上，那就是"待在北京不太可能后悔"。

　　我觉得这句话讲得特别有道理。意思就是说北京再差，你也不可能差到哪儿去。去外地的话你有可能会后悔。我相信你应该是能理解我的这个意思的。其实我自己也不知道北京好在哪儿。生活了五年，我真是觉得空气越来越不好，房子贵得让你根本没办法考虑，又挤，车又多，工作又不好找。你要理性地考虑，真是的，我爸来北京，说，好在哪儿啊。然后你说回老家的话，你马上能考虑买房子、买车，说不定博士后之后还能评副教授什么的。到底图什么呀。我其实想来想去，只有这么一句话。在北京你真的不知道好在哪儿，但你就是怕有一天出去了怕会后悔。心底深处还是有一点点想在这边。

　　林涛也谈到自己有朋友在中部一所 985 大学做师资博后，生活很好，但科研没什么进展，于是回到北京访学几个月。他说"各种人有各种人的理由"，对城市的印象也是很重要的因素，他虽然在中部某大城市读本科，但对该城市印象很差，尽管这里有很好的就业机会，他依然还是没有选择。

　　对于海宁来说，离京顾虑原因更加明确，他谈到由于学术资源总体不够丰富且区域分布不均，离京有很大的风险。海宁说的学术资源包括图书资料、科研经费、出国交流、学术会议等，他说如果去一个地方的大学，虽然生活压力要小很多，但你很可能"就被学术界遗忘了"。因此，"如果想学术上有所发展的话，还是愿意挤在北京上海这样的地方"。尤其是像历史这样的"小众"学科，即使北京也仅有八所大学（包括社科院）有历史系，大部分只是人文学院下设历史教研室。因此，在研究古代史的他看来，北京没几所"能从事学术研究且环境比较好的"学校。海宁说，前面的很多师兄都会首选在北京工作，找不到职位"纷纷去外地的也有"，毕竟"在北京找一个岗位的压力是很大的"。尤其于本科、硕士和博士阶段逐步升入更好的大学者，似乎对于回到原来所在地方就业的接受度更高一点：

　　　　来这儿读个博士，回到地方上能找个本科或者大专来教着，就是一份很稳定的工作，收入也还可以，在地方上生活压力也没那么大。

　　第三个结构性因素是海归的竞争。林涛讲到自己刚刚读博的时候，导师就跟他说过"以后你们的竞争是全球化的竞争，会面临来自海外的人才的挤压"。他感慨到，"没想到，金融危机一来，[这个竞争]就来的这么早"。他认为这种海外人才涌入带来的激烈竞争长远看来有助于国内博士生水平的提高，但"在整体趋势对国家有利的情况下，个体要考虑怎么不被牺牲掉"。

> 掏心窝子说的话，其实这几年考虑最多的就是自己怎么不被牺牲掉。真的就是考虑的这个。以前的话我觉得如果没有这些人的冲击，我想我们这个背景在北京找一个重点学校至少没有现在那么难，但是现在你说要找这样的学校的话，我们这边是 SCI，现在 SCI 要分影响因子，分区，你的杂志在几区里面，在这个等级内的我们才考虑。海外背景，我还在琢磨这个事呢。本科学历，985、211。我们国家经常会搞这些事，但是没办法，你只能通过这些指标来。学校的水平是在提高，但是我们这个变化太快了，有点招架不了。

电子专业的李建谈到就业问题时，认为 A 大学的政策有失公平，他感叹"国外回来的，就算你干的稍微差一点，他也承认你，你国内的感觉干得再好，他也不太承认你。"李建由于博士期间已经取得了优秀的成绩，也赢得了导师的肯定和信任，"基本上三四年级的时候老师就把我当自己人了，有啥事都带着我"，因此他计划留校做两年博后，期间通过合作研究的方式再出国访学一段时间，这样既不会"断了这边的人脉"，又可以"补上海外经历"。但这一过程自然也有着不确定性，李建说"读博后以后还得参加人才引进回来的竞争，还得 PK 成果"。

第四个结构性因素是生活压力。中国优质高等教育资源过度集中在生活成本极高的大城市，也给一些人带来了困惑，海宁说自己对物质并没有什么太高的要求，但作为一个学者，首先要能够"安居下来"：

> 学者是不能天天搬家的，你想这么一屋子书，让你一年搬一回，搬一次得扔掉一半。你只能先安居下来，你才可能安心地做事、思考、写东西。但是现在在中国，最麻烦的就是这个房子问题，房子比什么都贵。

第五个结构性因素是发表压力。多位中国博士生都谈到论文发表的决定性作用。历史专业的海宁论文发表比较顺利，他说学术职业，"最后你做得满不满意，还是跟你最后能不能做出成果，在这个序列里能不能进步有关系"。

> 学术界还是拿成果来说事情的，一个是成果，一个是名声。一个利一个名了。当然所有人追求的都是这些东西。那这两样东西，

学术界就是以你发表文章多少，甚至是你参加一些什么会议啊、认识一些什么人啊。主要还是看你出多少成果，出多少书、写多少文章，这是硬指标。然后你的文章被人引用多不多，人家承不承认你的成果。

海宁并不认为学术界的人追求的与常人有何本质的不同，即都是"名利"，只是在学术界具体表现为学术成果。

如果你最后发现写论文特别难受，就是出不了成果，投稿都被人拒，申请什么项目也申不到，找工作也找不到，那你就会特别受打击。特别受打击你就做不下去了。这个还是需要一个环境的肯定，没有人能够强大到，所有人都说你做的是垃圾，你自己觉得我这是本世纪最好的学问。不可能。

数学专业的林涛说"很多同学之所以不选择做老师，真的不是因为他们很想出去挣钱，是因为在科研上找不到感觉"。而他觉得自己是"刚刚及格"，因而还没有逼着自己离开这个圈子。他说做学术就是要适应学术圈的"游戏规则"，"玩得起不一定能走得下去，但是玩不起就一定走不下去"。而这个"游戏规则"，首要的就是"论文发表又多又好"，其次是善于口头表达，"推销"学术成果，再次是各个行业共通的待人接物的能力。但他强调其中学术发表是最重要的。

因此，在中国博士生的体验里，未来"想不想做学术"和"能不能做学术"紧紧地联系在一起，而能不能做学术主要是看"硬指标"。环境专业的宇清流利地说对博士生的评判标准无非就是"Publication，SCI，Total Citation，Impact Factor"。他有很好的发表记录，对发表的认识是很积极而正面的，他认为学术发表是展示自己工作的最好方式。发表（publication）和报告（presentation）是两种最重要的表达方式，后者可以近距离地交流、分享学术思维，而前者则是最正式的方式。整个访谈中他并没有表现出对学术发表的任何负面感受。但历史专业的海宁态度稍微复杂一些，尽管他个人在目前的评价体系里是占优势的，但是他还是"不喜欢这个东西"。他觉得对于做学术的人来说，论文发表是合理要求，"但不能要求太过了"，否则必然造成"水分很大"。计算机方向的几位同学都区别了真正务实的研究和为发论文而发论文的研究，并认为学术上的竞争压力过大可能造成无意义的发表过多。

计算机方向的李天则说相比于国外的博士，"国内现在普遍受到一些[来自]论文数量的压力"，他指出在自己的研究组，基本由导师决定是否毕业，因而"你就往好处做就可以了"，但是如果评价的人对你的工作并不了解，"给你出一些硬性的规定，比如什么什么收录"，就会影响博士生的自我定位。但他谦虚地说"这些其实都是像我才考虑一下，真正做得好的人，他们早就已经不担心了"。

5.3 小　结

从就业形势来看，中美学术市场差别并不大，甚至部分受访者感觉中国高等教育领域有更多的就业机会。但是，美国受访者谈到未来选择时，更加注重学术道路给个人带来的意义感和幸福感，也强调为学术事业和社会做出贡献的责任感，因此，更偏于内在感受。他们明白读 Ph.D.继而走上学术道路的物质回报很有限，同时还面临求职的难度，但求知和探索的乐趣，学术生活的内在价值（意义感、学术贡献），以及学术人独特的生活方式（自主、灵活）吸引着他们。而中国由于近些年来高校就业形势变化很快，同时受制于生活压力、海归竞争、离京顾虑等结构性因素，以及博士生面临更大的发表压力，我们发现中国博士生在谈到未来职业预期时，更多地谈起发表和求职带来的焦虑，更注重对外部要求的适应。

第6章 学术品性的层次分析

6.1 学术品性的层次

以上三章，我们按照时间顺序，从读博选择、读博经历、职业预期三个阶段的叙事中分析了中美博士生在学术品性上所表现出的不同。在本节，我尝试将学术品性自下而上分为生存型、成就型、超越型三个层次。

所谓**生存型**，是指能够在研究生院（博士阶段）和学术界生存下来而不至于遭到淘汰。这里涉及到的品性是主动性、执行力、勤奋刻苦、持之以恒、善于应对挫折并解决问题、遵守学术道德等，是顺利完成学业的保障。

所谓**成就型**，是指致力于在博士阶段或未来学术生涯中有优异表现的那些品性。这里主要包括追求原创、独立思考、注重发表、善于沟通、追求卓越等，要想成为一个优秀的博士生必须有这些方面的品性。

所谓**超越型**，是指超越了生存动机和成就动机而彰显学术自身价值的品性，包括学术兴趣、自由探究、追求真理、从学术本身中获得的满足感、意义感和幸福感，以及通过学术为社会做贡献的责任感等。超越型的学术品性更具自足的特征。

生存型的学术品性是博士生必须具备的，一方面因为当今的学者都是职业化学术体系中的一员，他们必须用可识别的工作表现来获得生存发展的机会，否则将面临被淘汰或边缘化的危险，"发表或退出"的潜规则也使得获得终身教职之前教师面临较大的发表压力。（阎光才，2011）美国博士生流失率一直居高不下（含主动退出和被动退出），在中国，尽管博士生教育中和学术体系中的淘汰机制、退出机制和流动机制尚未完全建立起来，但通过资格考试淘汰和过时清退等方式把关的实践也已经展开，最重要的是多数高校对博士生毕业有明确的论文发表要求，部分学校、院系将论文发表与开题、奖学金等挂钩，使得发表本身成为一种生存压力。此外，博士阶段的学习与本科期间的学习或美国医学院、法学院等专业学院的学习有很大不同，后者更加模块化、结构化，而前者则更加个体化，并面临更多的不确定性、未知性。博士生常常要面对实验失败或研究无法推进的困难，要面对他人的质疑，或面临论文投稿被拒的挫折等。即使对研究感兴趣，完成博士学业的过程也依然充满挑战。因此，除了环境给予的支持和鼓励之外，博士生自身必须具有一定的韧性、毅力、自我激励的主动精神，才能完成博士学业。

成就型的学术品性则可分为内外两方面，即更注重在知识本身上所取得的成就，还是更注重在评估体系中所取得的成就。当然，理想的情况下，是因有内在的知识成就动机（即追求原创性、深刻性等），而获得外在的成就表现（得到学术体系的认可、奖励等）。但从访谈中，我们也可以看到，由于外在评估体系的数字化趋势，论文从数量到质量的表现都被数字化，并被作为管理工具，也会对内在的知识成就动机带来损害，因而出现受访者所言的善于"学术投机"的"牛人"。前文已述，对于追求原创知识的成就型学术品性，滥觞于近代德国的大学改革。20世纪以来，随着学术体系规模的扩大，其内部也逐渐形成层级结构，而沿着这一学术层级向上攀登的主要依据也就是个人的学术成就。学术体系根据学者的知识成就而分配学术资源、社会声望。因此，成就型的学术品性也是学术人的重要品性，是作为学者的知识成就动机与声望地位动机相纠缠的一种动力机制。

超越型的学术品性更接近于古希腊时期哲学家的描述。古希腊的哲学家强调闲逸的好奇、真理的渴求、沉思的幸福等，将追求智慧的行为与具有实用目的实践分离开来，并使前者具有更高的地位。淡泊名利、追求真理这种超越型的学术品性有其认识论上的根源，因知识（即真理）所处的理念世界是高于人们生活其中的现实世界的。爱因斯坦1918年4月在柏林物理学会举办的麦克斯·普朗克六十岁生日庆祝会上的著名讲话即是这种态度的现代版本。他指出在科学的殿堂里，最受天使宠爱的人的动机有消极和积极两种，消极方面是叔本华式的渴望逃避日常生活的沉闷、粗俗、反复无常的欲望的桎梏，"陶醉于那似乎是为永恒而设计的宁静景色"；从积极方面说，则是由于"物理学家的最高使命就是要得到那些普遍的基本定律，由此世界体系就能用单纯的演绎法建立起来"，"渴望看到这种先定的和谐"的"激情"，才是科学家"无穷毅力和耐心的源泉"。（爱因斯坦，1976）[100-103] 尽管当代学者本身已经成为科层体系中的雇员，但他们仍被视为"被保护起来的"，即无需与日常俗务打交道，而可以由社会支持和资助去为全人类的目的而从事前沿性的科学研究，致力于发现真理。

6.2 超越型学术品性的价值

贝尔纳（1982）[337] 在二战结束前夕发表的一本科学社会学的著作中谈到：

> 我们不希望人们决定当科学家仅仅是由于科学工作收入丰厚，或者即使不是由于科学工作收入丰厚，也是由于科学家能够摆脱商业工作的许多令人不快的限制。科学工作的吸引力应该部分地由于人们内在的求知欲，部分地由于人们认识到通过科学工作可以对社会做出重要的和无私的奉献。

贝尔纳希望学者的工作动机能够超越生存和成功，而走向责任与兴趣。有趣的是，贝尔纳在 1944 年的"应然"性的期待与近 60 年后我在美国所访谈到的博士生"实然"性的自我叙事不谋而合。应用物理专业 Alston 在谈到是什么激励着自己走上学术道路时，他给了我一个崇高（lofty）版本的理由和一个现实（real）版本的理由：

> 崇高版本的就是，这个世界上没有很多人能够做这类工作，不光是有没有天赋的事情。还包括，我们是很幸运能够接受这么好的教育，不必亲自动手养活自己养活家人，不必担心别的事情。不是有很多人可以纯粹地只做一名科学家的。因为，你知道，如果你家人生了大病，你可能得去当个银行家，挣很多钱给他们看病。所以这个世界上像我这样的幸运儿真的不多，我受过良好的教育，我天赋还算不错，我的家庭环境也还可以，允许我选择一份低工资的工作。总要有人做这种事是吧？总要有人做科学研究，而世界上真正能够做科学的人又不是很多。所以，我应该来做。既然这个事情需要有人做，而我又是少数有条件做这件事的人，那如果我不做的话岂不是有些不负责任吗？当然，如果你做这件事觉得很痛苦，很受

折磨，那也不必去做，那样你也不可能真正做得好。但至少，我还是挺喜欢做科研的。所以，这是崇高版本的。

现实版本的就是我就是喜欢玩这些大玩具。我喜欢摆弄大机器，喜欢自己做东西，喜欢尝试各种有趣的想法，喜欢做一些前人没有做过的事情，我觉得这些事很有趣。所以，这对我而言像是一种游戏。你玩过乐高积木吗？我觉得自己在做的事情就是这样，只不过更大更复杂而已。我很享受自己擅长这些事情，也从中得到了许多乐趣。

Alston 的这段叙述谈到了四个方面：**条件、能力、兴趣、责任**。

"条件"是基本的前提，因为如果一个人还要为基本的生存发愁，追求理想和兴趣对他来说只能是一种奢侈，他只能根据一个标准来做选择——挣钱最多。这正如在奴隶社会里身为一名奴隶，也就不可能享受自由人所言的那种高贵的"自为目的"、"不求实用"的"沉思"了。

"能力"是另外一个前提，因为如果连大学都考不上，或者进不了研究生院，或者无法完成博士学位，或者学术发表达不到外界对你的评价要求，那么也无法顺利地走上学术道路。

但在这些前提满足的条件下，真正激励他的是内在的兴趣和社会责任感。而其中，兴趣又是最重要的因素。因为他觉得，即使自己有能力和条件做科研，但如果没有兴趣，做科研不过是"痛苦"、"折磨"，那么是"不必去做的"；而且他相信如果没有兴趣，"也不可能真正做得好"。更有趣的是，他认为承担责任是"崇高的"版本，而"乐趣"和"喜欢玩这些大玩具"更是一种本真的轻松态度。可见，因兴趣而科研对他来说才是第一位的，在做自己感兴趣的事情的同时承担起社会责任，这是理想的情况，也是他选择了学术道路的原因。

许多知名的科学家都会强调兴趣在科学工作中的重要性。他们极端专注于自己的工作，以之为至高的乐趣，学术探究对他们而言不是或不仅仅是"为稻粱谋"或"为声名地位"，而是为了"追求真理"、为了"智识乐趣"。《中国青年报》关于丁肇中发布阿尔法磁谱仪项目的实验数据结果的报导中[1]，称他为"一个快 80 岁的老侦探"，采访中丁老说了这样一段话：

1　李斐然. 丁肇中：为名为利学物理是很危险的事[EB/OL]. http://news.sciencenet.cn/htmlnews/2013/4/276600.shtm，2013-04-10

我拿诺贝尔奖的时候还比较年轻，40 岁，所以没有停下来的必要。我唯一有兴趣的就是做我的实验，别的事情都没有兴趣。我只是想满足好奇心，而为名为利学物理是很危险的事。

因此，超越型品性是优秀科学家的重要特征。马斯洛对于自我实现者特征的分析对我们理解超越型学术品性特别有帮助，因为我们常常从顶级科学家那里看到这些特征。他指出自我实现者们献身于某一事业、号召、使命和他们所热爱的工作，而这种赤诚和献身精神的明显特征是热情、慷慨和对工作的深厚感情。在理想的情况下，他们的内在需求与外在要求完全契合一致，"我想"就是"我必须"。工作和娱乐之间通常的分裂被超越了，一个人爱他的工作，并从中得到愉悦，这世界上再没有任何活动可与它相比。他们与自己的工作同一化了，并使工作成为自我的一部分。他们所献身的事业常常是某种价值的体现和化身，他们工作不是为工作之外的某种目的或手段，而是为工作本身所包含的内在价值。工作是某种最高价值的载体、工具和化身。（马斯洛，2012）[154-159]

从个体的角度看，超越型的学术品性具有重要意义，从社会角度看亦如此。罗伯特·贝拉在其 1980 年代的著作《心灵的习性》中解读美国人对待工作的三种态度，将"天职"视为超越谋取生活物资和社会地位，而与人生道德、公共责任休戚相关：

"在工作中'有所作为'，是正在成年的美国人自己常说也常听人说的一种要求。它包含几种不同的工作概念，以及工作对个性发生影响的几种不同的关系。若从'职业'（job）的意义上说，工作是赚钱谋生的一种手段。它所支撑的自我是由经济收益、经济安全以及金钱所能买到的一切决定的。若从'事业'（career）的角度看，工作是一个人一生在某个行业中取得成就和进步的全部记录。它所产生的自我，是由比较广泛的成功决定的，包括社会地位和社会声望，并通过扩大权力和增长才干的感受，把工作本身变成一种自我尊重的源泉来实现。若取其最强烈的'天职'（calling）意义，工作则构成了使工作与人生从道德上不可分离的活动和性格的切实理想。它把自我统摄在一个实践有律、判断有理、其活动本身就具有意义和价值的群体里面，而不仅仅包容于群体活动产生的产品或利益之中。天职不仅使个人与其他个人相联，而且使个人与整个社会相联，其中每个人尽其天职，都是对全社会利益的贡献。"（贝拉，1991）[95-96]

从谋生手段到地位获致以致安身立命的意义谱系当然适用于任何一种职业的分析，尤其是英语文化中称之为"profession"的高级专门职业，往往有自己丰厚的历史传统、文化积淀、符号资本，从而构建起自己的道德伦理体系，使一种俗世的工作具有超越的向度。同时，学术研究活动依其自身的独特性质，也是高度依赖科学家的内在动机的。心理学家和行为科学家发现，对于涉及到复杂认知的活动，金钱并不是最佳的激励。需要提供一定的金钱，使得人们不必为钱发愁，但过了一定阈值，金钱并不是激发出最佳表现的因素，反而是工作中的自主性（Autonomy）、精熟度（Mastery）和意义感（Purpose）成为最佳的激励（Pink，2009）[47]。面向未知世界的学术探究大概是人类所从事的最复杂的认知活动，也就尤其需要保护学者的自主性，使之被事情本身所吸引，并产生强烈的意义感，即培育超越型的学术品性。

因此，我们需要认识到超越型学术品性的价值，它对于一个人在学术之路上更加持久、更加有效、更加自足地工作有重要价值。从访谈数据的分析中我们可以看到，美国受访者较多地谈到个人的学术兴趣、强调学术工作所带来的满足感、意义感，注重学者的社会责任；但中国受访者则较少谈及这些内在的方面，为什么会出现这种现象呢？一个可能的解释是，外部压力过大带来的内部动机弱化。在第 3 章的分析中我们已经注意到林涛在本科阶段体会了学术之乐，但他依然没有把学术兴趣作为读博决策的依据，因为对他来说，生存动机（确保被录取为研究生）和成就动机（进入理想的大学）更加重要。

心理学家长期以来都在探索外部激励对内在动机的影响，根据三位学者对128 个此类研究的综述（Deci et al, 1999），无论是参与相关（Engagement-related）、完成相关（Completion-related）还是表现相关（Performance-related）的外部激励都会显著地降低内在动机，这种情况对于具体的激励和预期的激励都适用。

B 大学一位教育领域学者在一次研讨活动中谈到自己与该大学本科生院院长做访谈时的情况及对此的反思，很有启发意义：

> 我问今天的高中生素养中最缺什么？他说整个高中生中最缺的是做人，现在的学生都不纯了，你会发现，现在我们招的很多学生，招进来都特别地聪明，你要信息奥林匹克他马上有，数学奥林匹克，他有，你奖励什么他有什么。但是他没有内在的兴趣，内在的爱好，内在的坚持。

尽管我们并没有精确的统计数据来告诉我们到底多大比例的人在多大程度上是更看重评估可识别的外部指标而漠视内在兴趣，但对比中美博士生的叙述，我们的确看到了美国博士生更强调内在兴趣，而中国博士生则鲜谈及此，却更多地谈论发表论文的数量、等级等外部要求。

科学网博客上一位博士生的感慨也有很大的代表性[2]：

> 从小学到大学，再到今天读博士，本人始终没有在"自己做研究"的字眼上认识和定位客观的自我；学校，自小推崇成绩优秀，家中，自小听父母的话，干父母吩咐的活，到就职工作中，工作任务大部分也是就事论事；今天，两个问题依然在自己内心没有明晰的目标与想法，我要做什么？我能做什么？

中国的教育体制的确较少地鼓励学生去思考自己究竟喜欢什么，而施加了很大的制度压力使学生因应外部要求。学生大部分地精力用于确保在教育体系中的生存和成功（体系界定的一元化的成功，而非自我定义的多样性的成功），用于探索自我、培养个性的空间比较有限。而超越型的学术品性正是需要学者超越生存动机和成就动机，即超越名与利的追求，进入一种追求真理、自为目的、自我满足的境界，将学者的人格之美光大之。昔日陈寅恪言"士之读书治学将为脱心志于俗谛之桎梏，真理因得以发扬"，因而"独立之精神、自由之思想"将"历千万祀，与天壤而同久，共三光而永光"，这种境界当为学者所追求，也应当在博士生培养的过程中内化于下一代学者身上。

6.3　案例讨论：他为何逃离科研？

博士论文写作期间，恰逢一场关于优秀博士毕业生逃离科研的网络讨论。[3]故事的梗概是，中科院数学所的程教授在五年前招收了一名博士生肖扬（化名），从大四毕业设计时的接触开始，肖扬的科研之路一直"看上去很美"。由于基本功扎实，程教授觉得"跟他讨论数学问题是一种享受"，平时遇到一

2　李丽莉. 学习：困难出自长期欠缺独立思考能力[EB/OL]. http://blog.sciencenet.cn/blog-610802-666975.html，2013-03-04

3　2012 年 11 月 13 日，中科院数学所程代展教授发表的一篇名为《昨夜无眠》的博客在互联网上激起了一场热烈的讨论。程代展. 昨夜无眠 http://blog.sciencenet.cn/blog-660333-632151.html，2012-11-13

些"需要细想或计算的问题"，交给他短则几个小时，长则一两天必有答复。肖扬的"科研敏感性"很好，又非常用功，"白天、黑夜都在实验室干活儿"，从不拒绝老师的任何要求，这让程教授十分感动，花了很大精力着力对其培养，并提供各种出国开会、访学的机会。在读期间，肖扬发表了十几篇期刊论文、十几篇会议论文（一半以上国际会议），多次获得各种奖励、荣誉，并被两家国外大学主动邀请去做博士后研究。程教授对这名得意门生充满了期待和信心，甚至说"他成了我对未来的一个梦！"

然而，程教授眼中这个"美丽的"故事戛然而止。毕业前半年，肖扬突然对程教授说，"毕业后想去银行工作，或者到中学教书"。这令程教授非常吃惊，他断然拒绝，并在几次争辩后，跟学生达成协议：先做两年博士后再决定。程教授说"你天生就是做科研的料，不能自暴自弃"。结果，11月初，肖扬签约了一所中学。程教授"欲哭无泪"，他在动员多人劝说未果，学生签约的当天写下这篇博文，并在最后沉痛地问到：是我错了，还是他错了？

这篇博文引发了长久的讨论，仅一个月后，程教授此文已达到17万余次访问量，600余人推荐，800余人回复；同时也引起科学网网友积极的分析、讨论，当事人肖扬也很快做出了回应，从自己的立场解释了为何逃离科研。程教授就此事再发表了若干博文与网友对话，使讨论进一步深入。《中国青年报》、《中国科学报》等若干媒体均发文报道和讨论此事。

肖扬在解读自己的选择时，说目前自己对生活的期许就是能够过一种安逸稳定的生活，他说"如果不是我彻底厌恶了科研的话，我觉得科研这工作挺符合我的要求的，社会地位不低，待遇也足够过比较体面的生活了，关键是极度自由"。因此，肖扬说逃离科研很简单，"唯一的原因就是没兴趣了"。那究竟是什么原因使得肖扬对科研失去了兴趣，甚至产生"厌恶"呢？

他给出的两条原因，第一条是"累"，即自己作为一个"好"学生，不习惯对老师的任何要求说不，而且科研工作属于不间断的24小时工作，即使你在"刷微博"、"打牌爬山"，"脑子里还一直装着那些想不出来的问题，还有一些该做但实在是很烦，不想去做的任务"。

第二条是"没能力"，肖扬解释了自己看似很出色的科研成果其实不过是在水文盛行的时代里"矮子里拔将军"，至多代表了自己勤奋的成果，完全不是天赋和能力的体现。肖扬说，"如果我继续搞科研的话，我能想象出的结果只有两个，要么迫于学校要求发文章的压力沦为灌水机器，虽然还能混得不错，不过天天自己鄙视自己，要么就是坚持不发水文，但又因为能力不足以做出真正有价值的工作而混得很惨。"

如果运用本章所发展出的学术品性层次模型来分析这则案例，我们发现：在肖扬那里，生存型学术品性他完全具备，他足够勤奋、足够努力，主动性强，学术能力也得到导师首肯。他也具备成就型学术品性，而且十分有趣的是，这里我们看到了一个"自我认可"和"外部认可"的区别。肖扬用自己的努力和实力得到了导师的认可，也用自己的发表记录得到了学术体系的认可，但是他却没有得到自己对自己的认可。他对学术成就的向往是有真正的"天赋和能力"，能够做出令自己得意的成果，而不是"矮子里拔将军"。学术文化里那种对"天纵之才"的向往，对真正深刻、高水平学术成就的向往事实上是一种极为重要的自我驱动力，单靠外部认可的评价不能取代。事实上，如果一个人对学术的追求完全被数量化评价体系中的优势所取代，而不从学术本身的价值和贡献来考量，那么他的成就型学术品性也就是流于外在的。一个追求更有价值学术成果的学生事实上是具备了更高阶的学术品性。但是，这种更加高层次的学术品性在当前的学术系统里却成了一个"缺点"而非"优点"。因为，根据肖扬自己对学术界的感受和判断，他觉得自己将来"或者沦为灌水机器，或者因为不发水文而混得很惨"，于是不如索性不做学术。这与前文提到的王阳的焦虑如出一辙。

更大的问题出在超越型的学术品性这里，即肖扬失去了对学术的兴趣，做科研只是让他觉得"累"，像 Alston 所说的，"成了一种折磨，也就没必要去做了"。到底是为什么失去了兴趣？这一点，在程老师的自我反思贴中也谈到了：

> 我只关心他的三件事：数学基础打得怎么样？英语口语讲得怎么样？科研做得怎么样？对于他个人的思想感情、生活以及家庭情况等都知之甚少。两人见面，除了学术还是学术，没有朋友般的交心，更没有刻意培养他对学术的兴趣。对学生，我只有梆梆控制，却无视反馈。

程教授谈到自己没有刻意培养学术兴趣，谈到自己只有"梆梆控制"，而学术兴趣、自由探究恰恰是最关乎个人内在感受的学术品性。真正有对学术的热情，真正享受研究的自由，才会对科研工作有持久的动力。

从肖扬的故事里，我们看到，成为一名学者，不仅仅是得到严格的能力训练，还应包括培养对科研的持久兴趣，不仅仅是发表成果得到外部认可，还应有发自内心的对自己所做研究的认同感。如果博士生培养中仅仅注重能力、成果、评价，而忽视兴趣、自由、满足感、意义感等，很有可能反而会流失一些真正具有或珍视超越型学术品性的人。

6.4 小　结

本章指出，可以根据学术品性的诸要素将其归纳为生存型、成就型、超越型三个层次。生存型包括主动性、执行力、自我激励、基本学术道德等；成就型包括注重发表、追求卓越、追求原创等；超越型包括学术兴趣、自由探究、追求真理、注重幸福感和责任感等。以学术为志业，需要学者在生存型和成就型学术品性的基础上，使超越型学术品性得到发展。

美国的受访者较多地自然表现出超越型的学术品性，而且较早地形成超越型的学术品性，甚至超越型的学术品性是他们选择攻读博士学位的前提；但在中国，这种超越型的品性很难从容地生长，学术生活的自足、乐趣与价值也被"SCI"、"顶级会议"、"包装"、"灌水"等"游戏规则"挤压了生存空间。

假如我们以"学术人"的成长成熟来看，中国的博士生们像没有童年的孩子，尚未体味学术的本真乐趣，就已经被成人世界的规则所束缚，为生存和成功而打拼了，超越型的学术品性难以发展，但超越型学术品性的发展是养成真正优秀学者所不可或缺的。因此，我们有必要思考，对于那些未来有可能走上学术职业道路的潜在人群（博士生），我们的制度能够给他们提供怎样的支持和保护，使得他们的学术品性得以全面地生长？尤其是为超越型学术品性提供生长的空间？我们如何选拔出真正对学术感兴趣的人、最适合从事学术工作的人？在博士培养期间，我们如何保护和强化而非削弱乃至窒息他们的学术兴趣？兴趣与能力、自我认同与外部认可之间如何协调起来？读博期间，学术认同的形成、学术品性的塑造与学术能力的培养、学术成果的评价之间优先级别和相互关系如何处理？对这些问题的理论回答和实践处理，都涉及到超越型的学术品性能否在博士生中成为一种实际存在。

第 7 章　学术品性的存在形态与养成机制

在前述各章中，我们平面化地比较了中美博士生在自我叙事中表现出的学术品性的异同，并对学术品性的不同要素进行了一个初步的层次区分，探讨了它们之间的关系。但这些尚不足以充分回答"学者的养成"这一问题，因为我们只是初步描述了品性养成的结果，还未深入分析品性养成的过程与机制。为了探析品性养成的机制，我们又必须首先回答学术品性的存在形态是什么？本章试图借鉴杜威教育哲学的思想资源，尝试回答这些问题。

在《民主与教育》一书中，"disposition"一词共出现了 86 次，遍布全书，但杜威却并未就"品性"是什么进行明确定义和专题论述。因此，我们必须根据杜威对"品性"一词的用法及与其它概念的关系中去探析杜威的教育哲学中"品性"到底是什么，"品性"以怎样的形态存在，"品性"的养成机制是什么。回答了这些问题，学术品性的存在形态与养成机制也就得到回答了。因为学术品性不过是品性在学术生活这个特殊生活世界中的体现。

7.1　品性的存在形态

7.1.1　品性的维度

《民主与教育》中杜威经常放在"品性"一词前的定语有：emotional and intellectual（3 次）、intellectual and emotional（4 次）、mental and emotional（3 次）、mental and moral（4 次）、mental（6 次）、intellectual（2 次）、social/socialized

（共 3 次）。[1]根据这些用法，明显可以看出，杜威将"品性"分为两个维度：mental/intellectual 为一组，代表品性的理性认知维度；emotional/moral/social 为一组，代表品性的情感道德社会维度。

在杜威看来，教育的根本任务是要使儿童养成一种与他所要进入其中的那个共同体(community)成员相似的情感和理智品性(emotional and intellectual dispositions)，即对环境的"期待和要求相似的回应方式"。"刺激-反应"理论是 19 世纪末 20 世纪初生理学、心理学中的核心概念，也是 20 世纪上半叶大行其道的行为主义心理学的根基。但杜威所理解的"刺激"和"反应"则与行为主义者有很大不同。他没有割裂主体和世界，没有割裂行为与意义，而是在一种整体的、内在的、连续的、辩证的关系中来看待来自环境的刺激和来自人的反应。刺激如何不但取决于环境，也取决于人的主动调节和意义解读。譬如灯光突然变强，人会眯起眼睛，瞳孔也自然缩小，从而调节了来自环境的刺激；譬如同样是看到远处有人挥手的动作，做出的反应到底是走上前去，还是掉头走开，取决于当事人对这个刺激的意义理解——那个挥手的人是在呼叫救援还是在警告危险？而人对环境的期待和要求相似的回应方式，就涉及到对意义的理解方式是基本一致的。

学术世界是一个意义极为丰富的世界，对这些意义的感知、解读、回应的方式就等同于学术品性。这种回应不仅仅是一种知性的回应，同时是有情感色彩的。任何一句话都不仅仅是告知信息、表述概念，同时也在传达情感——哪怕并非当事人刻意表达情感，言说不可避免地是有腔调的。我在访谈中也切实地感受到受访者叙述自身经历时洋溢着的情感色彩，他们所体现的学术品性中那些令他们或自豪、或欣喜、或无奈的维度。

譬如王阳的故事中，他的学术品性体现了对高质量学术成果的追求以及在这种追求的过程中理想与现实的矛盾，这其中既涉及到"知"的成分——如何谓高质量的学术？他谈到"对材料的掌握"，"对问题认识的深度"，"大量参考他人观点"的基础上"形成一套自己的观点和看法，然后坚持下去"，有"自己的话语"或者说"自己的思考"，"把问题说明白"，"理论

---

1 此外还有 active（2）、working（1）、habitual（1）、definite（1）、participating（1）、voluntary（1）、courageous（1）、fundamental（3）、deliberate（1）、conscious（1）、humane（1）、permanent（1）、personal、imaginative and emotional（1 次）等，因与维度划分相关度不高，我们不与论及。

上有所贡献"，"关照基本的问题"等；也涉及到"情"的成分——即这样做学问才能获得一种理智满足感、愉悦感，才能感到自己在做一项有内在意义的工作，在实现自己的学术追求和养成理想的学术人格。但毕业在即的现实又不允许他下慢功夫做深学问，求职市场上看重论文数量的压力进一步强化了他的焦虑感，他也不得不回应这些环境要求，在一定程度上调整自己的行为方式。

7.1.2 品性与习惯

在"教育即生长"一章中，杜威集中论述了"习惯"的意义。在杜威看来，成长的条件是人的依赖性和可塑性，而成长的表现乃是习惯之形成。可塑性亦即借经验学习的能力指的是习惯之形成。习惯的本质在于有机体对环境的有效控制。（杜威，2014）[42]

这一表述在身体习惯的意义上很容易理解，我们日常生活的方方面面都离不开行为习惯，诸如用筷子的习惯、在电脑键盘上打字的习惯等。但杜威说，"习惯的意义并不只限于执行与动作的层面。它既指行为在轻易、省力、效率上的增进，也指智能和情感品性的养成。"（杜威，2014）[44] 心智的习惯、思维的习惯虽则更抽象，但一样真实地存在。心智习惯一样是我们为达成目的而控制环境的能力，是"品性"的具体表现。

如 Aaron 给自己设定的作为学者的目标，其中一条就是"培养学者习惯，作一个诚实探究的人"。在他自己的解读中，这一目标中蕴含的日常学术习惯包括：1、"当你读一本书或一篇文章的时候，应该先确保正确理解作者的意思。我在教书的时候发现，学生们喜欢把自己的想法强加到文本中，他们会说，在我看来怎样怎样。这是一种习惯。"2、"学者应该宽厚，如果某人提出了一种论点，你要反驳时应该反驳这个论点最强的版本。……一种我认为是糟糕的学术习惯的，就是仅仅为批判而批判。"3、"写作时应尽力使别人容易看出自己的观点是否正确。……永远都不应该以隐晦费解的方式写作，来隐藏自己的假设，而是应该明确地告诉读者你的假设是什么……如果你知道自己错了，一定要说出来。"在与文本的交互、与学者的交互、与公众的交互、与学生的交互中，总而言之，在作为一名学者的日常学术生活中，Aaron 都展现了这样一些理智习惯并且在一种自我反思中意识到这些习惯对自身作为一名学者的自我认同的重要性。此外，访谈对象中 Amy 的自我激励的习惯，

Megan 的学术交流的习惯，Alston 的自由探究的习惯等都可以视为这样一些心智习惯。

　　之所以称得上"习惯"，是因为他们的表述中体现了这些品性的"自动执行"的特征，杜威说习惯"不是被动地等着刺激来了才开始忙起来，而是会主动寻找机会全力施展。如果施展受了不当的阻碍，意向就会变成焦虑与强烈渴求之状"。（杜威，2014）[44] 这在 Megan 的叙述中表现得尤为突出。她说"我喜欢与人合作，交流想法，我要知道自己正在与其他人互动，我不能自己一个人做研究"，也正因此，她在不尽理想的环境中，绝不是被动顺应、无所作为的态度，而是积极主动地寻求改变环境以达成自己的目的。对 Alston 来说也是如此，自由探究——产生自己的想法并且有机会去检验和实现它们——对他而言是一种心智习惯，正是这一习惯的主动运作使得他在博士一年级时更换实验室和导师、博士二年级不断尝试自己的想法，甚至不惜与导师争吵来为自己想做的研究辩护等。

7.1.3 品性与知识

　　在集中阐明实用主义知识观时，杜威指出："知识在作为已经被掌握的某种东西这个严格的意义上，包含我们理智的各种资源——使我们的行动变得明智的一切习惯。只有被纳入到我们的倾向（dispositions，品性）之中的那种知识，使我们能够调整环境以符合我们的需求，调整我们的目标和欲望以适应我们所生存的情形，才是真正的知识。"（杜威，2012）[273]

　　在一般的文献中，我们常看到将知识、能力、品性作为三个维度并列而言，这样的表述容易使我们将其视为不同的事物，因为我们总是倾向于将事物名词化并且不自觉地有一词对一物的思维方式。但既是维度，就是对同一事物的不同看视角度。不同的概念强调了这一事物的不同方面，但它们并非在描述不同的事物或者同一事物的不同部分（parts）。

　　杜威从人获得知识的过程或者说从知识演化的角度看，区分了知识发展的三个典型阶段，即操作事物、理解事物、成为专家，与此对应有三种知识，分别是做的知识、沟通的知识、科学的知识。做的知识具有知行合一、亲知熟识的特点；沟通的知识使得经验的意义通过沟通所得的更广的信息联系得以扩展和深化；科学的知识则是逻辑化、理性化地组织起来的知识，由一套方法程序来确证其合理性的知识。他指出"按教材的积极原则，学生应当从主动投入有社会起源和社会功用的作业起步，吸收经验更丰富的人传授的观念和事实，纳入他们自己更直接的经验，终至从教材的内容培养有科学精神的见识。"（杜威，2014）[176]

这三个阶段不应做一种线性的、割裂的理解，称之为阶段，是因为从发生的先后来看，理解事物的意义确实要以对相关事物的经验操作为前提——对完全缺乏实际经验的事物是很难从符号层面理解其意义的，而将知识系统化又应当以意义的丰富和深化为前提——仅有少量的零散的意义联系是难以将知识系统化的。但我们也必须注意，后起的经验阶段会即刻进入和改变先前阶段经验的性质，三个阶段在人作为整体的学习与发展中始终处于连续的、动态的辩证关系中。比如，信息本身虽则是一种他人间接经验的表达，但"凡是因为想到这些事而有助于我们处理正在做的事，都算是我们的亲身经验"。（杜威，2014）[170]科学知识的外在形态可能是学习者能够将其经验以系统的、有逻辑的方式形式化地加以表达，但这种系统化的能力本身恰恰也是一种"做的知识"——此时，"做的能力"扩展到了对意义联系的系统化、逻辑化这一事务上来。从这个意义上理解知识，则杜威所言的进入我们品性的那些知识才是真知识，就可以理解为一种"做的能力"，是知行合一的，在完善发展的意义上，它充满意义也富有条理，本身已经方法化了，是经过检验的真知识。

如此理解的学术品性，更具包容性，也更加具体化。它不是一种抽象、一般的品性，而是具体化在一位学者的日常学术生活之中的，与他所工作的领域、运用的工具、切身的实践密切相关。可以说，它是一个人对自己所身处其中的学术世界各种工具的亲知熟识、运用自如，文献、平台、技术、问题、思想等等都可视为工具的范畴，而这一过程又是在一个社会性环境之中达成的，我们总是在与他人沟通交往的过程中习得各种知识。这一点，我们在环境专业宇清的叙述中可以鲜明地看到，诸如对关键文献的熟悉、对核心技术的掌握、对本领域研究的理念和方法的内化、指导学生和带领团队的实践经验、发现新问题和选择前进方向的判断力等，都是他在学术世界中通过与他人和事物交往而具身化了的知识，是可以随时灵活调用的理智资源，因而构成他的学术品性，也是他所掌握的真知识。

7.1.4 品性与能力

在杜威的知识论中，事实上"能力"已经被吸收到知识这一概念之中。

因为知识首先就表现为一种"做的能力"（power to do）。杜威在《民主与教育》中对"能力"的探讨，一个关键点在于能力的一般与特殊以及能力的可迁移性问题。杜威反对"一般能力"的概念，认为能力看起来"可迁移"不过是因为不同情境中有相似性。正如同杜威认为人的天生的本能冲动是多样化的，并无先天存在的脱离具体素材的观察力、记忆力、推理能力等一般心智，"能力"是具体的、情境相关的，其一般性来源于情境之间的相似性和对事物之间关联性的把握。

在学术生活中，原创能力是常被谈及也被高度重视的，理论上博士生的学术论文应当做出"原创性的学术贡献"。历史系的 Bill 认为"一个好的学者最重要的能力就是能够提出有趣的问题，以一种在其他人看来合理的方式回答这些问题，从而对学科知识做出自己的贡献"。哲学系的 Aaron 说自己"最开心和最有成就感的事情是能够做自己的研究，提出自己的理论，为自己所在领域做出贡献"，这是"最重要的事情"。

我们该如何理解这种原创能力的本质呢？作为一种重要学术品性的"原创能力"是一种可以加以训练并可迁移的一般能力吗？做出了原创性成果的学者是拥有了某种一般性的"原创能力"还是只是展现了在特定领域的特定事务中的特定能力？

杜威关于原创性的一段话格外富有启发性："前文谈到思考原创性，如果显得要求过高，好像必须受过相当教育的人才做得到，超出一般人本来的能力，问题其实出在我们摆脱不了迷信的压制。我们对于心智总有一种笼统的想法，认定运用智能的方法是人人一样的。然后我们又认为，每个人生来心智的"量"是不同的，所以，平常的人应该表现得平平常常，只有不平常的人可以有独创性。……心智、个人用的方法、原创（三个用语是可互换的同义词）指的是有目标的或定向的行为的'质'。我们如果根据这个想法行事，即便是按传统标准也能拓展比现在更多的原创力。如果将所谓的统一方法强加于所有人，会把所有人培育成庸才，只有智能特别高的人能躲过。用异于大众来衡量原创性，会使有原创力的人变成古怪的一群人。统一的方法既会扼杀一般人的个别特色，又会使少见的天才感染不健康的心性，大概只有达尔文之类的人可以幸免。"（杜威，2014）[157-158]

数学系的 Amy 谈到自己在本科和硕士阶段的研究主要是导师确定问题和方向，自己则主要是去实现这些想法。但到了博士阶段，则是根据自己的想法，选择自己感兴趣的问题。导师会帮助形成课题，但初始阶段之后，则"完全是我自己来控制它应该往哪里走"，"Ph.D.是你第一次需要考虑什么样的研究对别人有用，有些什么样的研究文献，还需要做些什么，我能做些什么"。这样的情境正是我们所谓"原创能力"发挥作用的时候，Amy 的故事印证了杜威的观点：第一，"原创能力"是具体的，它意味着能够判断自己感兴趣的问题是什么、什么问题是有价值的、有哪些文献、下一步应该做些什么、自己能够做些什么，这要求对特定领域的足够熟悉和对自身能力的准确判断；第二，这种做出对自己所在学术领域而言真正有创新性的贡献的能力，是在一个领域中经历了足够的基本准备和有效训练之后逐渐形成的，而前期则更多是有指导的学习。

从这个角度说，"创新能力"是扎实具体的学术训练的必然走向，是在自己长期浸淫濡染的工作领域中符合常识、符合逻辑地做事的必然结果。过于强调"创新能力"甚至因此而忽视学术积淀、科研训练，反而可能出现杜威所言的刻意追求与众不同，从而败坏学者心性，也不可能产生真正的创新成果。

7.1.5　品性与态度

杜威在《民主与教育》中第 10 章"兴趣与努力"、第 13 章"方法的本质"中的讨论对我们分析品性作为态度的存在形态极有启发。在对兴趣的分析中，他首先区分旁观者态度和参与者态度。只有一件事情的参与者才会真诚地对事情的进展感兴趣，因为这关系到他的切身利益（利益与兴趣在英文中同为interest）。杜威分析了兴趣这一概念主客观方面的统一。兴趣表现在客观方面，与之相关的常用词是 aim，intent，end 等，表达了一种对客观结果的预见，强调的是我们所想要的和所谋求的结果，其已然包含而无需强调的则是关心的和热切的个人态度（即主观方面），更多体现理智的维度；表现在主观方面，常用 interest, affection, concern, motivation 这些词，强调的是预见的结果与个人情意的关系，个人为确保可能的结果而采取行动的积极愿望，其已然包含而无需强调的则是客观的变化（即客观方面），更多体现情感、意志的维度。（杜威，2014）[113-114]

因而，这又与杜威对于明智行动即为有目的的行动的观点相关联。一个人参与着某种活动（人总是处在某种活动的进程之中），假如在这个活动中他有自己的目的（aim, end-in-view），强烈地想要达成这一目的，他就会对活动格外用心，他的目的会指导他的行为，他需要对相关对象和自身能力做出观察、选择、安排，以求达成目的。兴趣与努力在这一过程中是完全统一，而非相互对立的。（杜威，2014）[92-93]

也正是在这样的有目的的活动、亦即充分运用心智的活动中，杜威强调的那些作为个人方法的"态度"才会自然地出现：即直接投入事情本身而不是分心去做其他考虑（如学生回答问题时一边思考和回答，一边考虑自己回答得好不好，老师和同学怎么看，即是破坏了直接的态度）；保持开放的虚心态度，"心智能够广纳一切有助解开疑问的意见，以及可能帮忙确定行为后果的意见"；专注的态度，源自于兴趣的彻底性、目的的统一性、精神的整体性，"不会把表明的目标当做幌子而另有压抑的或别有用心的目标"，"专注就是全心融入"，目标追求的表里不一（来自外部的和表面的目标与来自内部的和深层的目标不一致）会造成注意力的涣散，大大降低心智运作的效能，因为那种潜藏的追求无论如何压抑总是不免要发挥作用的；负责的态度，意指不随意接受既成结论，一定要将观念付诸实践加以检验，以求透彻理解和彻底相信，因而它代表着理智的彻底性、完全理解和相信某个东西，是一种绝知此事须躬行的态度。（杜威，2014）[158-163]

学术兴趣作为学术品性的重要向度，之所以宝贵恰恰是因为它是一种释放个人全部潜能的最有力保障。对美国的受访者而言，因为这种学术兴趣的形成与确认是较早的，往往在进入 Ph.D.项目之前就已经存在了，因而读博士的生涯对他们而言似乎是一个更加专注于研究本身的过程，他们很少谈论发表、成果，而更多谈论实现自己的想法、做自己喜欢的研究等学术生活中的"事情本身"。但在中国受访者这里，我们看到的是博士生教育中的评价体系（如奖学金评定和毕业要求）和学术职业评价体系（影响到博士生就业机会）都高度依赖论文发表数量，这对个人投注于学术研究本身造成强大的影响，尤其是当学术发表的能力培养又不能满足学术发表的外部要求时，一方面学术研究的过程本身在一定程度上被异化，学术成果不再是真诚而自由的学术探究过程的水到渠成的产物，反而变成了目的本身，变成了学术兴趣尚未形成、学术研究尚未开始时就瞄准的目的本身，对研究过程的专注投入和享受似乎不成为他们经验和言说的焦点；另一方面，"包装"、"灌水"、"投机"等诸多操作大行其道，败坏学术风气，只有极少数优秀者才能幸免，如访谈者所说，"真正的牛人就不需要担心这些了"，但这样的牛人哪怕在研究型大学的博士生中又有多少呢？

因此，在博士生教育中，我们必须要警惕，我们的博士生所真正参与的活动，到底是一场"学术发表的军备竞赛"还是"理智诚实的科学探究"？如果是前者，那么指引他们行动的目的是发表，他们的心智能量将运用于如何快速产出论文、如何包装论文、如何寻求发表机会、如何谋求职业安全上，学术本身的逻辑和品质将成为次要考虑；如果是后者，指引他们行动的目的是求真，在艰苦但充满乐趣的学术工作中，他们的心智能量将被引导到科学研究本身上来，在问题自身的逻辑中积淀、探索、发现、尝试、创新，不断检验自己的想法，以求获得真知。

无论哪种"活动"，如果全心全意地去追求，都将发挥心智的最大功效，但我们期待于下一代学者的，显然不是学术投机而是真正的学术创造。中国的受访者给我留下的深刻印象，是他们一方面追求学术品质、向往求真求实，另一方面却被评价体系捆绑而不得不把论文发表的数量和速度放在意识的明面去关注，这种外来目标与内在目标的不一致自然会造成"专注"态度的破坏，学术研究中心智效率的降低。学术探究是高度复杂的精神活动，是格外需要持久的专注力的，因而这种破坏不能不令我们警惕和担忧。

7.2　品性的养成机制

7.2.1　活动与品性养成

"活动"是杜威理论中的关键词。他所认为的教育发生的根本机制就是"共同活动原则"，教育的原则既非直接灌输欲求观念（不可能）亦非单纯训练行为习惯（无意义），而是在共同活动之中，在对事物/工具（语言乃工具之工具）的运用之中理解其意义，并养成所属群体之品性的过程。这一过程的第一步，是"设置环境条件，以鼓励某些看得见的行为方式"，而完成的一步就是"使个体成为联合活动的共享者或参与者，使他感觉活动的成功就是自己的成功，活动的失败就是自己的失败"。"他一旦被群体的情绪态度感染，就会机敏地去认可群体瞄准的特殊目标，以及用来达成目标的手段。换言之，他的想法观念就会与群体中的其他人一样。他也将获得和其他人大致相同的一套知识，因为这套知识是他习惯性追求的一个要件。"我们看到，品性的两个维度，表现为情绪态度、目的、信念、习惯性追求的情的维度，和表现为手段、观念、知识的知的维度，都是在共同活动之中养成的。（杜威，2014）13-14

　　既然是共同活动，就意味着个体与他人打交道，如同我们学会的每一个词语都是在社会互动之中、在有他人参与的运用事物和工具的共同活动中理解其意义的，我们所获得的一切知情方面的品性都是在社会沟通的过程中形成的。这既然是教育发生的一般规律，也必然适用于学术生活这一特殊领域。要详审学术品性的养成机制，就需要在学术生活的日常活动中去发现这种沟通之中的品性养成。对博士生的成长来说，他们参与的活动中非常重要的就是各种正式、非正式的课程，论文研究以及与之相关的研究、实验、写作、发表等。而资格考试、开题报告、论文答辩等制度环节则更具规范性和仪式感，是学习过程的阶段性总结。在所有这些活动中，他们将与导师、同学和相关学者密切交往，每一次具体的交往之中他人所传达的态度、分享的知识、传递的技能都作为环境条件激发着特定的回应模式。

　　因而，下一代学者的学术品性的养成，是每个学术活动的参与者都责无旁贷的。我们所谈及的最吸引中国博士生关注也最困扰他们的学术发表问题，不是仅仅依靠大学和研究生院的管理者做出政策调整就能改变的——尽管经过充分调研和慎重考虑的政策调整在笔者看来是十分必要的。每一位学者和准学者，都必须思考自己在参与一种什么样的共同活动，自己要参与建构一个怎样的学术共同体，自己应该如何看待研究和发表的关系，在当前的学术环境中如何自处，在与他人的沟通中又当传达一种什么样的态度和信念，自己如何做研究，如何在一个个具体的两难困境中做选择。我们也需要更加坦诚地将个人的困扰和公共的问题拿出来探讨，共议可能采取的行动，彼此支持、共同努力，建设一个更理想的学术小环境。一个个这样的小环境被改善了，整体的学术氛围和学术环境才可能改变。

　　此处所言并非痴人说梦的乌托邦，它实实在在地发生于访谈对象的故事中。比如 Megan 的努力，Aaron 的努力，他们并不是坐享一个完美的学术环境，而是在主动创设环境，改变着自己的命运也改变着他人的命运。中国博士生也应当积极地参与到改造自身所在学术环境的主动行动中去，对于自己最切身感受到的问题，发出自己的声音，提出自己的解决方案，与相关人士坦诚沟通，共同尝试创造更理想的学术氛围。

7.2.2 经验与品性养成

杜威在分析经验这个概念时，强调经验的主动-被动性，即经验是尝试一些事情并亲身经历其后果，从而在事物之间建立联系的过程。在杜威看来，思维即是经验中的理智要素，思维的对立面是循规蹈矩和随意任性，思维的出发点是未完成的事情、悬而未决的事情，思维的动力是对事件的关切，思维的悖论在于思维产生于偏私但为了完成思维任务必须做到不偏不倚，思维的本质是一个探究的过程，具有冒险性、假设性。思维在反思性经验中得到最充分的体现，其一般性过程为：（1）未完成的情境中产生的疑问、困惑；（2）推断性预测——对已知要素进行尝试性的解释；（3）调查一切考虑到的事情，界定和澄清问题；（4）详细阐述尝试性的假设，使其更加精确连贯；（5）根据假设提出行动计划，采取行动得到结果，检验假设。其中，（3）和（4）的深广度和准确度，使反思性经验区别于试误性经验。（杜威，2014）[127-138]

杜威虽然区分了试误性经验与反思性经验，但他是在二者的连续性关系中去把握它们的：我们所有经验都包括"试误"的阶段；发现我们的活动与所发生的结果之间的具体关系时，就彰显出了试误性经验所隐含的思维；随着经验数量的增加，其价值也成比例地增加，并且最终造成经验质量的改变，即从试误性经验转变为反思性经验；但是，我们从来没有完全超出尝试错误的情境。……既然我们的思维决不能考虑到一切联系，所以它就决不能完全准确地包括一切结果。（杜威，2014）[127-138]

基于杜威的经验理论思考学术品性的养成机制，我们会得到双重的启示：

首先，学术工作本身是要求思维的工作，杜威所描述的反思性经验的特征也是一般科学探究的特征。我们要遵循思维逻辑，来养成学术品性。这意味着，在博士生学术品性的养成中，我们要特别注意他是否对自己的研究问题产生了真正的关切，所研究的学术问题是不是他自己的真问题，所过的学术生活对他而言是否是一场真正的理智冒险，他是否有充分的机会和充足的空间去提出假设、做出尝试、经历后果、检验想法。唯有如此，他才会更加切实地进入反思性经验的循环之中，而不仅仅是佯装探究的学术投机（无论是包装发表还是应付毕业）。这也是许多优秀博士生强调自由选题、独立选题的意义所在，只有选择了自己真正感兴趣的问题，学术研究的品质和原创性追求才有了基本保障。当然，这不意味着兴趣是博士生确立选题的唯一标准，受到前期学术积淀和学术判断力的影响，最初感兴趣的问题可能是学术上不可行的，多位受访者都有过转换题目的经历。但导师应当意识到不顾学生兴趣而指定选题的缺陷所在，尊重学生的自主性，激发学生的探索欲，再以扎实有序且情意昂扬的学术训练将学生逐渐导入学术正轨的过程中，不必像打仗一般急于求成，不妨为他们的自由探究和奇思妙想留下空间。毕竟，培养学者才是博士生教育的长远目标，博士期间发表的文章，相对于这个长远目标只具有次要的地位，只是真正负责任的学术研究的副产品。如果将自己或自己的实验室视为一台学术生产机器，将博士生视为这台机器上的零件，服务于项目经费获取、学术生产率提升、在国内外学界沽名钓誉，则从根本上违背了教育的宗旨，从教者不可不慎戒之。

其次，试误性经验与反思性经验的连续性，经验的尝试与承受的切身性，也意味着学术品性的养成不能靠理论灌输或情感吁求，只有在实际经验的过程中才能具身化地养成。譬如"论文写作与发表"，如果只提要求并施以高压，而不加以具体有效的指导，学生各凭天赋、自行摸索，则大部分人将不得其法、备受打击，最终不得不发表水文应付毕业要求了事，对真理之高贵、学术之严肃的尊崇将荡然无存；如果只是丢给学生一些关于如何做研究的书籍文章，任由学生自行揣摩，一味试误，也会事倍功半；如果导师、实验室、院系、研究生院等不同层面能够将其视为博士生培养中的一项重要能力，针对学生的情况加以长期、系统、有针对性的辅导，并且在这种培养的过程中向学生传达规范认真、求实求新的学术态度，感染热爱学术研究、追求清晰表达的情感意向，则既可帮助博士生养成学术能力、发表学术成果，还可起到培养学术兴趣、激发学术志向的效果。对于超越性的学术品性，诸如自由探究、追求真理，从学术本身中获得的满足感、意义感和幸福感，以及通过学术为社会做贡献的责任感等，这些品性之养成的最佳渠道就是人对人的感染，若学生亲眼所见、为之震撼，那么无须学界呼吁，此种品性自然养成。若无这种实实在在的社会交互过程中知情兼具的感染过程，报端、笔头谈再多淡泊名利、追求真理，怕也于事无补。

7.2.3 环境作用与品性养成

在"活动"这一源初性的概念中，杜威同时关注人与环境两个方面。他一方面强调人的主动性，环境是与人的活动相连续的，随活动不同而不同，随活动演进而演进，而不是一个客观、外在、固定的周遭事物集合。另一方面他也特别强调环境的教育作用，一切品性的养成，舍以特定环境条件的要求激发出特定的反应，别无他法。环境的非刻意教育才是社会控制的根本模式，相比于这一模式，直接的说教其作用是相当微不足道的。而学校教育所应当做的就是依此道理，去对环境做刻意的审慎的安排，以激发出期望的品性。

从这一理论来看，探讨学术品性的养成，不能不细究学术环境的创设，对不同的环境特征实际在激发着博士生怎样的反应模式、我们所期待的反应模式需要什么样的环境条件来加以激发都应当加以审慎的考量和自觉的布置。从这一方面开展实证研究和教育实践当是富有成效的路径。本研究作为一个初步的探索，将在第 8 章中介绍一些美国高校的具体做法。

7.2.4 心智品质与品性养成

上文"品性与态度"一节已经论及个人态度作为学术品性的一种存在形态。这里想说的是从学术品性养成过程的视角来看，事实上前述作为"养成结果"的心智态度，本身亦是"养成过程"中发挥作用的一种力量。这并不是自相矛盾的说法。因为心智品质不是一个静态的获得物，它本身就是一种动态的功能，在活动中发挥着构成性作用。

当博士生在亲身经验中发生了专注学术探究获得极大满足的心理体验，他就真正领会或真正能够欣赏探究本身的魅力，才会出于本心地想要更多这样的体验。如同 Alston 所说，自己选择走学术道路，最真实的原因不过是"喜欢这些大玩具"。如果不是大一时那位教授最初创造条件使他有机会亲历这样的体验，他的人生或许会走上完全不同的道路，可能是被历史或哲学所吸引了。我们尤其在中国受访者那里看到，当他们获得了最初的发表成功，在一定程度上缓解了发表焦虑之后，他们更有余裕体会到学术的乐趣，这种对学术乐趣的体尝又激发他们进一步明确学术志向，追求更高的学术品质，一个正向的循环也就建立了。博士生作为成年人，他们对自己的经验有足够的自反性，对环境激发出的特定心智态度的初步体尝会让他们更加自觉地去追求此种类型的经验，从而进一步强化此种心智态度。

7.3 小　结

学术品性并不是不可捉摸、神秘莫测的。我们可以在人的行为中具体可感地观察品性的存在样态，可以在共同活动的经验之中细致入微地分析品性的形成机制。尽管本研究作为一个基于自我叙事的初步分析，远不是这样一个精细的动态的实证研究，但本章基于杜威的教育思想，借助其关键概念，为理解前文的经验数据提供了一个理论透镜。主要的观点在于，学术品性不是独立于学术知识、学术技能的一个独立的东西，不是附着于硬核学术实践的一层情感态度价值观的涂层，它就是学术人本身，是那个不可分割的整体，它以习惯、知识、能力、态度等各种维度和形态存在，词语的分别只是看我们从哪个角度看视和言说。学术品性的养成根本地是在共同活动之中、切身经验之中，具体地与环境交互，具身地养成品性。博士生对自身的成长负有第一责任，应当如杜威所说对环境有一种"主动适应"，不是被动遵从，而是在有目标的共同活动中主动地回应刺激、改变刺激、改造环境本身，也不断实现自身经验的重组与重构，即自己作为未来学者的持续成长。而环境中一切相关的教育者都应充分意识到自己在共同活动中的角色和作用，明智地创设环境培育学术品性，在充分沟通之中共同界定理想的未来是什么、当下存在哪些问题、有些什么样可能的解决之道，自觉担负起在培养下一代学者这一社会事业中的责任。

第8章 学术品性的支持环境

前文门述及中国博士生攻读博士学位和选择学术道路较少地出于强烈而明确的内生性兴趣，而主要是在一个竞争激烈、压力较大的氛围中根据自己的起始状态努力获取生存机会和竞争优势的功利性选择。而美国博士生，至少根据他们的自述，则似乎更多地体现了基于内在兴趣做选择。上一章也从理论角度简略谈到了环境创设的必要性，那么形塑学术品性的理想环境是怎样的？美国的教育和学术体系中有哪些特殊的方面使得这种学术品性得以生长？如何才能保护和维持出于学术兴趣而选择学术道路的本真态度？本章尝试以若干具体实例对此作出初步探索。

8.1 教育系统：区别保护学术兴趣

通常，当我们想到"选拔"人才，我们会倾向于选拔"最好的"，但事实上，在一个职业多元化、价值多元化的社会里，"最合适的"比"最好的"更重要。那么，美国的教育体系是如何选拔到合适的人才的呢？当我们希望培养更好的学术人才，并不是只有"经济杠杆"可以使用——提高奖学金水平、提高教师待遇，不合理的过低的待遇当然需要改善，但一旦经济上有基本保障，真正起作用的并不是经济动机，而更可能是文化因素。这也是为什么，我们需要考虑为未来学者营造符合其自身特点的制度和文化空间，将一批人"保护"起来使其安心做研究。而美国的学位与研究生教育的结构安排在一定程度上实现了这一点，分析如下。

美国大学的一般模式是：以一个小型本科生院为中心，围绕着它是各个学系组成的文理研究生院，以及开展学士后教育的各种专业学院（Professional Schools）。这种大学形态的塑造发生在美国内战以后，特别是1890年以后的三四十年间。

1876年，约翰·霍普金斯大学创建，成为研究型大学的"原型和传布者"。随后，克拉克大学（1889）、斯坦福大学（1891年）、芝加哥大学（1892）相继创办，哈佛、哥伦比亚等老牌学院也纷纷进行学术重组，到1900年，授予博士学位的大学达到14所，并以此14所大学为基础形成了美国大学协会（AAU），其最初意图主要就是为了规范哲学博士的培养。科学研究和以此为基础的研究生训练自此逐渐成为美国大学的一种重要成分。

也正是这一时期，随着科学在工业中的应用，科学方法和实验方法的增长，工业化和城市化带来的对社会问题的意识，大学和学院中所教授的知识日益分化和专门化：首先是在科学中，随后在社会科学和工程学中，最后渗透进人文学科和历史学中，人们开始以彼此分离的专门领域的方式教学。1890-1910年间各种学会如雨后春笋般涌现出来。（Goldin et al，1999）各种学系相继成为大学的组成部分，使大学可以灵活地扩展科研和研究生教育的范围。伯顿·克拉克教授认为系和研究生院这种双重矩阵结构，具有独特意义，它使得美国大学以现代形式复兴了教学、科研、学习统一的洪堡理想，因此他称美国大学为"研究生院型大学"。（克拉克，2001b）[137-144] 而文理研究生院也被帕森斯称为美国大学的核心，称其为认知理性得到最充分体现的部门。（Parsons et al，1973）[106] 因此，在19世纪末20世纪初美国大学改革的过程中，生产原创性知识的学术理想进入美国大学并以文理研究生院为宿主得以繁荣发展。

另一方面，则是专业学院并入大学。18世纪末美国才开始有了第一批专业学院，在此之前想从事某种专业的美国人通常会在这一行当中做学徒或助手，大部分专业并无准入标准可言。（Hoberman，1994）直到19世纪末20世纪初，依然有48%的律师、牙医、药剂师、医生都在此类独立的专业学院接受教育。而且，学生一般也不需要具备本科学历，当时的法学教育一般是高中毕业后接受两年培训，医学是三年。（Goldin et al，1999）1910年，卡内基基金会邀请弗莱克斯纳对美国和加拿大的医学院开展调查，他一共调查了155所医学院，最后建议只保留其中31所，并且要求它们尽可能附属于大学。这次调查对美国的专业教育形成了巨大冲击，随后兴起的"新专业主义"（New Professionalism）运动迫使专业教育提高入学要求，申请者需经过四年本科教育方可进入法学院、医学院、工程学院、神学院或社会工作学院，并且催生了一大批专业教育协会，也掀起了专业学院并入大学的热潮。（Forest，2002）到 1934 年，美国就只有 58 所独立专业学院，占机构数的 6.8%，学生数的 1.9%。（Goldin et al，1999）

可见，在 19 世纪末 20 世纪初美国现代大学形成之时，已经具备了学术型和专业型人才培养分别由文理研究生院和专业学院承担的格局，而且二者有着不同的渊源。西方历史上一向有"理论"与"实践"的分野，而且"理论性"知识有一种高于"实践性"知识的优越感，但随着西方的世俗化进程，神学院衰落，医学院和法学院等老牌学院和商学院等新贵学院的毕业生获得了更高的市场价值。20 世纪美国新设立的许多学院，多是以医学院和法学院为蓝本，致力于成为"专业学院"。哲学院在中世纪一直处于弱势地位，只相当于其它高级学院的人才预科班，随着德国大学改革提升了哲学院的地位，美国的文理研究生院进一步扩大了学术性教育的规模，文理研究生院的科学研究和学术人才培养功能得到更多的重视，哲学博士学位也被视为最具学术价值的学位。16 世纪哲学博士学位还面临法学博士、神学博士的打压而被视为不合法地窃取了博士的名号（Clark，2006）[184-191]，但如今研究者们则在质疑法学博士、医学博士到底是不是真正的博士学位了。（沈文钦，赵世奎，2011）同时，文理研究生院也被视为培养学术人才的"专业学院"。

由于西方历史上这种源远流长的专业分化传统，其本科后教育有复杂的学位系统，接受更高层次的教育不仅仅意味着一种向上流动，更意味着一种职业分流乃至人生道路的选择。每一种职业都努力建立自己的职业标准、职业声誉、知识体系等，以满足其所对应的社会角色的知识、技能、伦理要求。每种职业也都有自己的职业文化，而各种职业文化之间可能是非常不同的，如商学院强调竞争、决策、领导力等，教育学院强调对学生的尊重、关爱等，文理研究生院则强调知识生产、理论创新等。

我们将以哥伦比亚大学为例，用具体数据和案例来说明研究生教育结构的制度安排。与整个美国的情况类似，哥伦比亚大学转型的关键时期也是 1890 年以后。校长 Seth Low 在 1890 年执掌哥伦比亚学院后，它发生了彻底的变化，不再是以前那个英式古典学院，到 1900 年时已经具备一所现代大学的形制。

Low 于 1890 年 2 月 3 日被任命为哥大校长，两天后，他就召集全体教师商讨大学结构重组问题。1891 年哥大的教师被分到四个学院（Faculty）中：哲学院（包括在本科生学院教学的老师），政治科学学院，法学院，矿业学院。随后，哥大通过合并新增了医学院。两年后，原矿业学院中的物理学和数学教师分离出来成立纯科学学院，而矿业学院则于 1896 年更名为应用科学学院。这也体现出德国的纯科学理念对美国大学的影响。（McCaughey，2003）[180-181] 此时的七个学院中的政治科学学院、哲学学院、纯科学学院后来发展成为文理研究生院，并被视为哥伦比亚大学"皇冠上的明珠"。

目前，哥伦比亚大学共有 13 个研究生院（学术型和专业型），并附属师范学院、犹太教神学院、纽约联合神学院。培养学术型人才和专业型人才的机构分工通过学院而有清晰的格局，哥大在数据统计表中，通常是将艺术学院、文理研究生院、国际与公共事务学院归为文理类学院，将其它学院归为专业类学院，医学中心的四个学院单列。通过对各院系所提供的学位项目进行梳理，我们发现哥大所提供的学位可以分为四个类别：

（1）由文理研究生院授予的学术学位：哲学博士（Ph.D.）是正统的也是最早的学术性博士学位，主要由各学术性系科培养。各专业学院内也会培养少数 Ph.D.，但由文理研究生院统一管理并授予学位。哥大的学术性硕士学位则只有文科硕士（Master of Art）。

（2）由专业学院授予的学术性学位：博士学位包括工程科学博士（DES）、音乐艺术博士（DMA）、护理科学博士（DNS）、公共卫生博士（DPH）、法律科学博士（JSD）、教育博士（Ed.D.）等。

（3）由专业学院授予的专业硕士学位：这其中又包括两类，一类是用 Master of 加特定领域来表示的，如 MBA，MPA，MIA，MPH 等。一类是用 M.A.或 M.S. in 特定领域来表示的，如 Master of Science in Social Work。

（4）由专业学院授予的第一级专业学位：哥大的第一级专业学位包括法律博士（JD）、医学博士（MD）、牙医科学博士（DDS）、建筑硕士（M.Arch）、护理实践博士（DNP）、物理治疗博士（DPT）等。其中，建筑硕士在官方介绍中称其为第一级专业学位，并且需要修业 3 年，不同于一般专业硕士学位修业 2 年的惯例。

从下表的统计数据可以看出，文理研究生院的在校生规模最大，并且在读学术博士比例最高（57.72%），其次是工程学院（28.58%）和医学院（19.86%）。

而且，文理研究生院的规模自 2001 年以来就几乎没有发生变化，以年均 1.09%的速度略有增长，而工程学院在校生数增长最快。

表 8-1　哥伦比亚大学各院系学术型博士数量、比例

学　　院	2011 年全职教师数	2011 年在校生数 2	全日制学位项目所占比例	在校生年增长率的均值（2001-11）	在读学术博士	在读学术博士比例
建筑学院	32	813	91.39%	3.52%	50	6.15%
艺术学院	68	858	97.90%	2.46%	0	0.00%
商学院	147	2188	89.85%	3.06%	98	4.48%
工程学院	171	2400	61.79%	10.50%	686	28.58%
文理研究生院	854	3186	83.33%	1.09%	1839	57.72%
国际与公共事务学院	53	1349	87.92%	3.78%	29	2.15%
新闻学院	40	422	82.46%	2.80%	27	6.40%
法学院	90	1640	96.77%	2.55%	279	17.01%
社会工作学院	43	888	90.88%	-0.68%	65	7.32%
医学院	1819[1]	1772	81.21%	3.66%	352	19.86%
牙医学院	73	412	97.33%	1.04%	0	0.00%
护理学院	73	613	55.14%	1.77%	49	7.99%
公共卫生学院	175	1292	65.79%	6.33%	192	14.86%

注 1：其中基础研究教师 202 人，临床教师 1617 人。

注 2：该数据为研究生阶段全日制学生数，不含本科生。

数据来源：Columbia University, Office of Planning and Institutional Research,
　　　　　http://www.columbia.edu/cu/opir

　　从学生资助和服务的角度看，学校对学术型人才往往有必要的资源和政策倾斜。如根据各个学院的院校学生资助占学费的比例来看，文理研究生院比例最高，为 97.48%，其次是培养学术型研究生较多的工程学院，为 40%（见表8-2）。相比之下，非学术型研究生主要依靠自费和助学贷款的方式完成学业，奖学金比例较低。学校的管理和服务方面对哲学博士群体也有特殊照顾，如哥大规定已经修完课程、通过资格考试并获得哲学硕士学位，仅余博士论文需要

完成的研究生可以申请图书馆的学习间作为整个学期的学习场所；有条件的院系一般都会给博士生配备办公场所，并提供博士生进行学术交流的空间和服务。

在美国，通常商学院、法学院、医学院更是个人提高经济地位的捷径，而读 Ph.D. 则是一个有风险的选择，因为时间和精力的付出很大，修业年限更长，但职业前景却充满不确定性，大学教师的职业回报相对于医生、律师、经理人等也较低。因此，如果没有高额的奖学金资助，从事科学研究的人将大打折扣。

此外，高等教育和学术研究在性质上属于公共事业，而专业学院主要遵循市场逻辑。博士生通过助教、助研等活动也为院校做出贡献，他们是未来的学者，是学术活动的积极参与者和贡献者，是导师的合作者。正如美国历史专业的受访者 Bill 所言，完成博士论文本身已经是对知识创新做出贡献，因而需要对他们的劳动给予补偿和支持。但专业性学位研究生主要通过结构化的课程获得既定的技能和文凭资格而走入劳动力市场谋求个人职业发展，教育收益主要是个人获得，受教育的过程本身也并没有如知识生产和教育服务等公共产品。

表 8-2　2009-2010 学年哥伦比亚大学分学院的学生资助情况(单位：万美元)

学院	资助总额	学费收入	资助占学费比例
主校区-文理学院			
哥伦比亚学院（本科生院）	6969.8	16983.1	41.04%
普通教育学院（本科生院）	976.2	4752.6	20.54%
文理研究生院	6595.1	6765.3	97.48%
国际与公共事务学院	749.2	4695.7	15.96%
艺术学院	620.7	2180.3	28.47%
主校区-职业学院			
建筑学院	552.4	2747.7	20.10%
商学院	845.5	12180.8	6.94%
工程学院（本科生；研究生）	4611	9940	46.39%
新闻学院	456.7	1671.9	27.32%
法学院	1185.3	7324.6	16.18%
社会工作学院	527	2820.8	18.68%

资料来源：Columbia University, Office of Planning and Institutional Research, http://www.columbia.edu/cu/opir

　　由于本科后教育在性质上是分化的，而不仅仅是硕士、博士的层次区别，因而本科毕业选择继续深造时也就必须在学术型、专业型学院之间做出选择，也即对未来的职业发展道路做出规划。大学本科阶段被认为是做出未来职业选择的最关键时期，美国的精英大学十分强调本科期间学生的自我探索，他们认为一个人只有从事自己所热爱的工作才能得到幸福与成功，因而必须努力找到自己的兴趣所在。《芝加哥学术生涯规划》中，Komlos 指出：

　　　　美国的本科生教育允许，甚至是鼓励，学生通过试错法寻找自己的兴趣所在，但同时，它也要求学生必须为自己的成长负责。到了本科教育结束的时候，学生应该对自己想要过怎样的生活有了较好的了解。学术界是否对你足够有吸引力？如果你还不确定，你必须跟你尊重和信任的人谈一谈。

　　哈佛大学学生职业发展中心主任面向新生家长的一段演讲就充分体现了这种对寻找兴趣的鼓励[1]：

　　　　各位，你们的孩子都太聪明了，以至于他们可以一次又一次地把自己不喜欢的事情也做得很好。……尴尬的是，他们在各种事物上的出色表现反而使得他们无法轻松地像别人一样选自己唯一擅长的事情去做。所以，这就给他们带来了对于实验、尝试、探索的极大需求，也就强烈地要求我们容忍他们的失败。……这里的大部分学生都会成功，只要他们热爱自己所做的，做自己所热爱的，而且他们必须亲自去发现自己热爱的到底是什么。自己发现，不意味着他们不需要你们，不需要我们，这只是说，决定必须由他们自己做出。在座的哪位家长如果希望家里出个医生的话，我来帮助您申请医学院，您自己去读一个医学博士，而让您的孩子来做自己的决定，好吗？（众笑）

　　除了鼓励学生探索自己的兴趣，本科期间对学术研究的接触和了解常常是一个人走上学术道路十分重要的影响因素。根据美国学者对博士生的调查，本科出身于研究型大学的博士生中，49%的人是在大学三年级或四年级做出读博的决定，47%的人都是受到自己本科教育的影响而选择读博，而本科出身文理学院的人中这一比例更高。

1　这段文本根据哈佛大学网站上的一段视频转录。http://bsc.harvard.edu/SuccessFailure/video%20dlips.htm

表 8-3　美国本科生决定读研的时间与动机

本科教育机构	文理学院 （受访人数：152）		研究型大学 （受访人数：206）	
A. 你何时知道自己会读研究生？				
大学前	14	9%	30	15%
大一/大二	14	9%	30	15%
大三/大四	83	55%	102	49%
大学后	41	27%	44	21%
B. 驱使你决定读研的最重要的因素？				
家庭	16	11%	15	7%
本科教育	89	58%	97	47%
求职目标	43	28%	73	36%
自我激励	4	3%	21	10%

数据来源：Ronald G. Ehrenberg 和 Charlotte V. Kuh 所编《Doctoral education and the faculty of the future》一书第二部分 "Attracting Undergraduates to PhD Study" 中 "Generating Doctoral Degree Candidates at Liberal Arts Colleges" 一文，作者 Robert J. Lemke（Lemke，2009）[98]。该数据基于一项 2006 年对随机抽取的 850 名美国精英文理学院的教师进行的调查，共收回 358 份有效数据。

因此，从美国教育体系的结构安排来看，宏观上是以下几点确保了更具学术品性的人进入研究生院：

（1）较高的智识要求和较低的物质回报的筛选作用：既然拿到博士学位本身是一个较大的智识挑战，而拿到博士学位后的就业前景和职业回报又不如修业时间更短的其他专业博士学位，这很自然地就会使一批对学术并没有真正兴趣而只是希望以学位换取更高的社会地位和物质报酬的人转而攻读其他更适合他们的学位。换言之，正是由于读 Ph.D.这件事情实在无利可图（或至少是无大利可图），所以兴趣得以成为主要的动机。哈佛大学研究生院组织的一次就业交流会新闻报道上有这样一句话："值得你攻读 Ph.D.学位的原因实在不多。因为你想成为一名教授大概是唯一的好原因。"

（2）高额奖学金的保护作用：对于真正有兴趣而甘于放弃物质追求、甘冒失败风险选择攻读博士学位，并且通过了院系的能力和潜力审查者，则教育体系十分慷慨地提供奖学金，确保其攻读博士学位期间经济独立，生存无忧，以安心治学。在美国，博士生资助的主要形式有三种：助研、助教、奖学金。得到充足的资助是博士生顺利完成学业的重要支撑条件。

（3）**学术文化的吸引作用**：Ph.D.学位和文理研究生院很自然地与智识态度、学术兴趣、学术职业联系在一起，具有学术文化的特质。如果说商学院是以预期的经济回报吸引学生，则文理研究生院更多地是以"学术文化"吸引学生。美国研究型大学通常会为本科生提供了解前沿知识、参与科学研究的机会，在这一过程中，气质相投者会逐渐内化学术价值，培养学术兴趣，而最终考虑选择攻读 Ph.D.。

总结美国的情况，教育体系中，一个以通识教育和自我探索为主的精英本科教育，一个智识取向与职业取向相对独立的制度安排，攻读博士学位和走上学术职业有可预期的基本物质保障而较少发家致富的可能性，这些都是区别和保护智识兴趣的重要环境。对美国博士生的访谈过程中，不止一次听到"如果想挣大钱，我不会来读 Ph.D."以及"如果没有奖学金，我不会来读 Ph.D."。因此，美国的制度基本选拔了合适的人。

进入博士学位项目之后，学术体系的一些基本特征也会影响到博士生的学术品性。对比中美受访者，我们发现中国博士生最大的区别在于十分关注学术发表，而且学术界对博士生工作的认可程度对博士生是否继续学术之路有着非常大的影响。进一步说，学术体制中的评价标准具有极大影响，学科惯习的内化使博士生较早地开始学习适应外部学术环境，来自外部评价的结构性压力，使博士生充满了发表的迫切压力和对这种外部认可的依赖。发表给他们带来好处（"拿到奖学金和其他各种奖励"），给他们带来压力（"内心强大的人是很少的"），他们摸索成功的策略（"战争模式"，"海外合作者"，"包装"），也谈论失败的苦涩（"越来越萎缩了"），他们抱怨评价的武断（"所有人都只看你发表了多少文章"），他们也利用既成的捷径（"导师推荐"、"热点投机"、"海外学者挂名"）。

历史系的海宁谈到学术界时，说"也无非一个是名，一个是利"，因为学术界的主要规则无非是成果导向——"学术界是拿成果来说事情的"，"出多少书、写多少文章，这是硬指标"，"然后你的文章被人引用多不多，人家承不承认你的成果"，钱权关系——"出版界和学术界的权力关系也特别明显"，"有的期刊要交很高的版面费"，强制发表——"地方学校，你不发文章，职称升不上去，什么也搞不到"，社会资本——"你是名校的，有名教授推荐，他就会优先地看你的文章"等。因此，海宁总结说："中国现在这个学术外在的评价还是很重要，内心强大的人固然有，但是很少。可以不顾世俗言论的人太少了。"

这表明，至少学术界对博士生以及新学者的评价方式还太刚性，太数字导向，即使"从重视数量到重视质量"，也是化作影响因子、引用次数的评价。这种评价方式，必然使大家汲汲于外部评估。相比之下，美国的质量评价更多地运用同行评价，以人的评价代替数目字的管理。如 C 大学经济系博士生发文数量差别不大，都是按照培养方案的流程按部就班地完成学年论文和求职论文，最终的博士论文一般是由三篇小文章组成，而其中最重要的一篇是求职论文（job market paper）。一位刚刚经历过找工作过程的博士生告诉我，通常，学生与导师商议决定开始求职后，会写出一个论文初稿，并在系里做一次公开报告，相当于一次求职报告的模拟，由系里老师给出意见，对论文做出评价，提出修改意见，并根据论文的方向和水平判断应当把学生推荐到哪些位置。之后将这一信息上报博士生就业主管，该主管每天接到很多电话，掌握很多不同学校的职位信息，根据岗位要求和学生的匹配度推荐合适的候选人。候选人一般是在网站上提交个人资料，然后借助学术会议可以在多个单位进行第一轮面试，面试通过者会得到求职报告邀请（flyout），与应聘单位的全体教师见面并做报告，根据报告的质量来决定是否招聘。

该博士生跟我讲求职的经历时，完全没有提到论文数量的问题，只是强调求职论文的水准和指导老师的推荐信很重要，能够得到知名学者的推荐对找工作是一大加分，但要得到知名学者的首肯自然也是要表现出出众的学术能力。

从这个过程看，至少对于 C 大学经济系的博士生来说，是没有论文数量压力的。事实上，在许多学科，毕业要求中并不会明文规定论文发表要求。如经济类期刊的评审周期相当长，求职论文不可能及时发表，必须依靠同行专家的评价。

这也在一定程度上解释了为什么受访的美国博士生几乎从来没有特别跟我强调过论文发表，也完全不像国内受访者一样把论文发表数量看得十分重要。美国的情况似乎是兴趣向前延伸，成果向后延伸，博士期间以能力的培养为主，对博士生的评价主要是导师和最终的评审委员会，即面对面的同行评价为主。而中国相比之下，兴趣要到读博之后逐渐形成，而成果却要在读博之初即紧张地考虑，而学术成果又以数量评价为主，这可能会对内在的学术热情、学术能力的形成有一个挤压效应。加之国内的课程水平、学术环境中的师资队伍指导能力等在部分学科不足，事实上更加剧了问题的严重性。学生得到的指导不足，却又被期望有过高的表现。

因此，真正让博士生保持浓厚的学术兴趣，以高水平的学术研究为导向，而非以学术发表数量为导向，首先是学术界整体的评价方式应当有所转变，近年来我国学者已经不断呼吁量化评估的弊端，一些高校也开展了"代表作制度"等多样化的评价方式。（陈洪捷，沈文钦，2012）一个更加合理的评价体系，适度的发表压力（而非过高的发表压力），才能使博士生的学术兴趣得到保护，而不至于在发表压力之下牺牲学术乐趣，过分追求发表记录。同时，在改善评价方式的同时，必须更加注重实质性的培养。

8.2 培养单位：有效促进学术发展

8.2.1 学术能力培养

博士生学术能力的发展与学术品性之间有着正反馈关系。因此，促进良好的学术品性的生长，需要有效的学术成长为基础。通过中美博士生访谈的对比，笔者发现在课程（course）、研讨会（seminar）、做研究（research）和交流访问（visiting）几个方面的师资水平和培养精细度都很受学生关注。

首先，课程方面，教师对知识理解的深度、融会贯通的程度、是否有自己独特的观点、是否能够激发学生产生新的想法以及教师批判性的思维方式等都是受访者所谈到的。金融专业的年轻教师尚清谈起自己在美国哈佛大学和 MIT 大学听课的经历时说：

> 这些人他自己对这门课的理解是很深刻的，他自己确实是很有想法的，所以你感觉能够从听课当中，他会激发你对这个问题的思考或者诱导你自己产生新的想法，这个是很重要的。但是国内很多人还达不到这样的水平，可能就是把他知道的知识告诉你，但是背后的东西他挖不出来，就是讲得很浅。其实我觉得每门课都是这样，即使很基础的课，他也可以讲得很好，有很多的闪光点，可以给你

进一步深入思考的，或者可以做研究的地方，其实都是可以的。但是国内可能很难有老师有这样的水平。我觉得这个就是差距啊。不仅仅是最后研究的问题上，前面的这些课程上，讲解上，就有欠缺。

该专业的博士生杨渊谈到自己上课的经历，也说如果是特聘教授上课，"效果会特别好"。

他们说，特聘教授和本土教授或者和国外回来的年轻教授的一个很显著的区别，就是特聘教授问不倒，他真的是融会贯通的，你问他他总能给你答得特别好。这边的稍微问得深一点，他脑子也就乱了。所以如果能[上]特聘[教师的课]的话，还是会效果好很多。

Mary 谈到自己最喜欢的一门课是位诺贝尔奖获得者所上的，他和别的教授的区别在于：

别的宏观经济学教授会走进来，拿起粉笔，在黑板上写下无数的推导。但他一走进来就是靠一张嘴来说，他不会在黑板上推导。他很聪明，他会谈论自己正在从事的工作，会告诉我们，你如何刺激经济增长之类的。其他教授讲的那些公式都是古典公式，假设大家都是一样的。我也很喜欢他的批判性，他说这些模型显然是不真实的，因为世界上有穷人有富人，你必须要区别对待他们，不能假设他们是一样的。他善于跳出来想问题，思考的方式确实与众不同。

其次，C 大学不同院系广泛采用研讨会的方式作为一种培养手段。经济系有若干不同的组，通常每个组都会以午餐 seminar 的形式活动（也有其他时间段），因此，几乎每天都有这样的提供"免费午餐"的研讨交流。而且 Seminar 也作为正式的要求列入培养方案，每位博士生从第二年开始必须坚持每个学期都参加 Seminar，直到第五年结束，每个学期至少做一次报告，第二年春季学期需独立完成一篇令人满意的论文，第三年的学年论文则可合撰。这些 Seminar 都有一到两位教师做主持人，并有其他教师参加。报告人演讲的过程中，随时可以打断提问，就我所观察的两场 seminar 来看，教师甚至是经常发问的，在此过程中，学生也就学到了如何欣赏一个研究的优点以及如何寻找其中的漏洞。

教育学院则设计了博士论文 Seminar，国内一位访学教师 H 对比自己做博士论文的经历，对这一教学方式十分推崇，她谈到自己在国内时是"自己闷在屋子里去想"，查查资料，写一写，然后进行一个"仪式性的"开题报告而已。比较好的情况下，有些导师会定期地"召集同门"分享一下，但像这样系统地开设一门课程，要求"第一、二、三学期直到你博士论文开题，开始写作之前，都要修这门课"，学生所得到的指导是完全不可同日而语的。

> 从你想关注什么课题开始，到你形成想做什么领域，怎么去做，好多同学都要每周发一些自己的研究进展的分享，其他同学老师会给你一些反馈。我参加的大概 9 个同学，1 个主导老师，另外一个辅助的老师。比如说我现在修的[这门课的]导师，他从 5:10 到 6:30，他的课结束了，还有一位部门里的老师，他不是教授，但是他会继续学生的讨论，就是说你会呈现你的作品，这是一个辅课，来辅助老师。在这个 seminar 的课上，老师会提出非常好的建议，他也是这个项目的主任，在学术上非常靠前，这个领域的 No.1，他每周的课都会上，所有的学生每周都要去。这样子我觉得对学生的研究的领域或者说对学生的启发各方面都很好。

类似的融入正式培养方案的研讨会在各个院系都有，虽然组织的形式各有不同，但发挥的作用基本相同，就是使用一种长期持续的、实时互动的方式以及密集的学术交流让博士生在耳濡目染之中学会做研究，学科的思维方式也在这一过程中内化。同时，由于研讨会经常会有来自全球各地的学者分享自己正在开展的研究，也时常有顶级高校的博士毕业生来做求职学术报告，这也成为一种及时了解外部学术动向的重要途径。而在研讨会上做报告，更是一种严格的训练过程，在场的老师会在诸多方面对学生进行指导，甚至包括 PPT 的呈现等。经济专业的留学生何东认为 seminar 是一种国内尚未充分重视的极其重要的培养方式：

> 我觉得 seminar 非常重要，尤其是你 present 自己的东西，首先给你一个强迫性的要求，你要做自己的东西，其次你要让大家都知道，这个东西有没有意义、缺点、优点等等。这个在国内我不知道现在怎么样了，在我那个时候很少，或者说不正规，这样你的优点和缺点不能让别人知道。从一方面来说，阻碍了你文章的形成吧，另外一个也不利于学术前沿问题在不同地方传播吧。对我个人而言，我觉得这是很大很大的问题。

第三，在课程和研讨会以外，最重要的就是博士生的论文研究了。受访者强调，优秀的师资队伍，博士生导师本身应处在领域的国际前沿，能够提出一流的问题。金融专业的年轻老师尚清认为"教师水平不够，同学自己去努力，肯定不行"，数学系的林涛说"如果导师达到了一个非常高的水准的话，至少他的学生在选问题的时候不会选一些特别挫的问题。学术界是很看问题的"。

而博士生在学习撰写研究论文时，也应当得到教师的有效指导。尚清说自己当年写英文论文时，由于缺乏指导，写论文便也只能自己"照猫画虎"，但是这样"很难把一个问题说得出彩"，也就"难以发在很好的杂志上"。因此，他说，现在越来越多的国内学者倾向于在海外找一位合作者，根据我的访谈数据，这种现象在理工科也是一样。尚清说：

> 他们[海外合作者]的话可能眼光更独特，更会包装你的论文，所以会使你的文章在一个更好的杂志上发表。所以这个是会有比较大的影响。国内这方面确实是，课程啊什么的没有，这东西好像也没办法开这种课程，主要还是传帮带。学生写论文写出来之后，导师帮你改，问过几次之后，学生就学会了。就可以知道说应该怎么来提高论文。所以，这个的话，国内确实是没有办法。但是就我个人的经历，反正我都是自己弄。就也跟你自己发的文章的，看你是哪类文章也有关系。比如如果你是数理类的或者计量方法类的，本身包装的成分会更少一点。但是你要是金融的或者经济的那种问题导向的文章，那肯定你为什么要研究这个问题，出发点怎么包装它就显得很重要。

尚清觉得理想的情况下应该是"传帮带"的方式，"学生写作-教师修改"的互动模式，"问过几次之后"就会了。有趣的是，美国一位经济系的受访者谈到自己撰写论文时所接受的精心指导，远远超过了这种简单互动模式。Mary博士二年级结束后由经济系 L 教授推荐，去跟商学院 R 教授做助研，并合作了两篇论文，第一篇论文是 R 教授的想法，第二篇则是她自己的想法。

> 我觉得你跟教授一起做一篇论文的话会学到很多东西。比如，如何思考，我的意思是，我知道很多 stata code，所以写程序对我来说不是问题，但是你要写出一篇论文来，清楚地向别人解释自己的

观点，使人能够很好地理解，还要设想别人对这篇论文可能的批评是什么，我们如何能够回应这种批评，向他们展示一些不同的统计结果。所以，你会学到我应该如何向别人呈现我的结果，如何使人觉得信服。

她当时每周三天、每天 5 个小时到 R 教授办公室去共同工作，随时可以向 R 教授请教问题，因此得到了"高密度的交流指导"，"这比起自己一个人摸索，然后再去找老师交流要高效得多了"。她说自己学到了很重要的一点就是"如何理解别人的需求"，"知道别人可能会关注些什么，自己的表格中应该呈现什么来解答他们的疑问"。

> 我们会说，我们还应该放进去一些什么表格呢？她会说，我们可以试试异质性问题，然后我就会跑跑程序，把表格画出来，然后她看一看，可能会说，好，这里说明了什么，那里说明了什么。所以，我也从她那里学到了如何阐释结果，别人会如何阐释结果。

> 我想我们还可以打一个比方来说这回事，你正在学习怎么盖房子，假如你去一个懂行的人的工地上实践，你可以观察到他们怎么做事的，他们也会告诉你你哪里做错了，这样学习要有效得多。但假如你自己去摸索着盖，然后每个星期经理过来检查一番，说你这里做错了、那里做错了，你应该这么做，那自然进步要慢得多。

第四，除了机构内部的资源以及在地吸引全国性乃至全球性学术资源，我所访谈的博士生绝大多数都有访问、交换、参加国际会议或到其他机构开展暑期研究的经历。国内的博士生主要是受益于国家和学校的公派留学项目或短期出国访问项目，而有与国际一流的专家共事的机会。在美国由于学生本身的流动性和大学教师的流动性形成了一个广泛联系的网络，而美国的学术资源又相对多元化，政府、高校、基金会、企业、非政府组织等都会提供许多学术性的资助项目。

环境政策方向的 Megan 在哈佛大学找到了一个研究小组，并在那里工作两年，从而完成了自己的博士论文；应用数学专业的 Brandon 到斯坦福大学访学半年，合作开展跨学科研究；哲学系的 Aaron 接受哈佛大学教授的远程指导，并且远赴明尼苏达大学担任教学工作一年；而数学系的 Amy 在短短五年的时间里，也有过多次的访学经历。

因此，从学术培养的角度看，机构层面是有许多工作可以做的。这首先是培养模式的合理设计，其次是所设计的环节是否能够有优秀的师资来支持，是否能够坚持做下去，不断实现优化培养效果。

8.2.2 学术就业支持

无论中美，成为学者的过程都充满了不确定性。在终身教职越来越难以获得的情况下，博士生很容易由于缺乏足够的信息、全盘的考虑和必要的支持而使得对学术的兴趣与志向磨损或失去一些重要的机会。数学专业的 Amy 谈到读博期间所需要的支持时指出最基本的是奖学金，其次就是希望院系能够提供"高质量的支持"帮助学生"顺利度过整个博士生涯"。

> 我觉得，对我来说，如果系里有一些更加正规化的入学教育或者辅导制度的话，事情会更顺利一些。或者，哪怕是你们每年聚一次，讨论讨论下面该做些什么，应该做哪方面的准备。因为这些信息都是非正式地流传的，这总会让我紧张，觉得自己是不是错过了什么信息。有太多东西都是我偶尔学到的，因为有人热心地告诉了我。我觉得不应该这样子。你应该通过更正式的渠道获得这些信息，而不是自己去问高年级学生。

因此，所在院校努力地从职业发展的角度为博士生提供细致的服务是十分重要的。这种服务对于中国博士生来说尤其重要，因中国博士生的学术兴趣常常在读博之后逐渐形成，而且与学术发展的顺利与否密切相关。因此，更好的学术能力培养和学术就业支持，可以使得学生减少发表焦虑和就业焦虑，为学术品性的发展奠定基础。

美国高校在这方面有比较丰富的实践经验，也积累了大量的专业服务资源。这里，我们以密歇根州立大学的研究生职业发展服务为例，对这一方面的支持进行讨论。密歇根州立大学致力于研究生服务的除了研究生资助办公室、职业发展中心、写作中心、心理咨询中心等常设机构，也包括由校内外资助的一系列专门项目。部分面向博士生群体的项目见表8-4。

每个项目都有自己的侧重点和资助、支持单位，不同的项目之间共享资源、多有沟通。而下文将重点介绍的 PREP 项目是围绕博士生职业发展的最具整合性的项目。

表 8-4　密歇根州立大学博士生职业发展资助项目

项目名称	资助单位	使命与目标
教学研整合中心（CIRTL）	自然科学基金会	开发、实施并评估一套面向 STEM 领域的研究生至教师的职业发展项目，以教学能力提升为中心，以三大理念为支柱：教学作为一种研究，建构学习社区，从多样性中学习。
冲突解决项目（Conflict Resolution）	教育部中等教育促进基金威廉姆和休莱特基金会	通过有效避免和及时化解冲突，改进师生互动，提高博士生学业完成率和教育质量。
科研伦理教育（Research and Scholarly Integrity）	（联邦）科研伦理办公室；密歇根州立大学各院系	面向所有师生，各个院系均应出台具体的培训计划，使所有相关者熟知并遵守科研伦理。
未来教学型学者计划（FAST）	研究生院；教学研整合中心	为博士生配备教学导师，组织教学培训活动，使其熟练掌握教学技巧。
研究生教育与教授团体联盟（AGEP）	自然科学基金会	支持自然和社会科学、数学、工程领域的博士生的招生、就学和毕业，尤其是面向美国本土的少数群体。
学术卓越和未来教师中心（CAFFE）	自然科学基金会	通过一系列可供选择的活动为博士生开发个性化的职业发展课程，通过并行指导将此课程与科研训练相结合，以培养合格的大学教师。
完成博士学业项目（Ph.D. Completion Program）	美国研究生院协会	评估各个学位点的生涯与职业发展项目和技能与知识的可迁移性；基于教育过程数据的招生质量评估；加强教学准备，创造跨学科教学社区。
研究生生涯与职业发展项目（PREP）	密歇根州立大学研究生院	为全体研究生提供从入学到就业的全面职业辅导，使学生顺利完成学业并就业。

资料来源：Graduate School, Michigan University, http://grad.msu.edu/

　　PREP 项目缘起于对过去的职业发展活动的反思和总结。密歇根州立大学研究生院在过去十余年中开展过许多职业发展活动，但是，到底这些活动是否以及在多大程度上促进了学生的职业能力发展和最终就业结果？通过与学生开展焦点小组访谈，相关人员发现"职业发展"（Professional Development）概念对学生而言还比较陌生，他们只是把这些活动看作一系列比较分散的、缺乏有机联系的工作坊而已。为此，研究生院成立了一个以院长为首的团队，于2006年初推出了一个系统的研究生生涯与职业发展模型PREP（Planning、Resilience、Engagement、Professionalism），按照制定计划、灵活适应、主动参与、职业精神四个主题，早、中、晚期三个阶段形成一个矩阵，从而为学生提供更加完善的职业规划工具，为项目组织者和活动开发者提供一个设计框架。（Stoddart，2009）

PREP项目的总体目标是：（1）使学生对研究生教育的职业预期（Professional Expectations）有更清醒的认识；（2）使学生对自己的生涯加以计划和管理；（3）提高研究生教育的巩固率和完成率；（4）为学生的谋求职业发展机会提供更强的竞争力。（Campa，2009）

密歇根州立大学研究生院及其合作伙伴（如主管科研与研究生学习的副校长、教师与组织发展办公室、咨询中心、写作中心等）形成的团队构建了PREP的概念体系。该项目的两个出发点是促进研究生的职业发展和培养可迁移技能：职业发展是指研究生在职业情境（Professional Context）中的社会化和整合过程，以及在整个职业生涯中不断学习和成长的过程；可迁移技能指在研究生学习中和在政府、企业、中介机构等各种不同职业环境中保持成功的基本的实践能力。（Stoddart，2010）

五步职业发展策略	六大技能
1）为自己的成功负责 2）了解可用的资源 3）超前思考 4）制定计划 5）发现/处理障碍	研究能力，学术能力，创新能力； 领导力；伦理和诚信； 合作能力；沟通能力； 平衡和弹性

研究生的任务和责任

制定计划	灵活适应	主动参与	职业精神
Planning	Resilience	Engagement	Professionalism

图 8-1　PREP 项目设计理念

资料来源：Graduate School, Michigan University, PREP, Essential Career Competencies, http://grad.msu.edu/prep/docs/planyourwork.pdf

图 8-1 展示了项目的设计理念，成功的职业发展应该包括五个步骤，而 PREP 项目组根据文献和调研确定了六大可迁移技能。根据这些要求，研究生的任务和责任是要在求学期间做到（The Graduate School of MSU，2012a）：

（1）**制定计划**：研究生应该从入口到出口系统地考虑自己的生涯和职业发展目标；

（2）**灵活适应**：研究生在其职业发展和生活的各个阶段应注意保持灵活性和韧性，要能够适应逆境或变化，为自己的身心健康、情绪稳定和精神愉悦负责，保持平衡的生活，融入学术社区；

（3）**主动参与**：研究生应主动参与学科训练、个人成长和职业发展过程，自主决策，积极行动，培养可迁移技能，扩展职业网络，建立伙伴关系和合作关系。

（4）**形成职业精神**：在科研、教学和服务上应具备职业精神，反思自己在学科活动中的表现，使其符合学术职业所要求的各种态度、标准和行为。

项目的设计理念与美国的社会文化息息相关。首先，研究生是行动的主体，对自己的学业和事业应持积极主动的态度，院校只是尽可能地提供优质的资源和服务。"自立"的精神是美国文化中根深蒂固的一部分。在《心灵的习性》一书中，贝拉用整整一章描述美国人"发现自我"的探索过程：他们走出家庭，走出教会，力图在工作中"有所作为"，形成自己的"生活圈子"，试图通过自发追求幸福和满足自身愿望形成自己的行为方式，从而"落实自我"。艾默生 1841 年的《论自助》似乎为美国文化定下了一个基调（贝拉，1991）[80]。因此，充分发挥个体的主动性、灵活性、适应性来"为自己的成功负责"，是一个符合美国文化和心态的设计。

其次，注重职业精神。专门职业（profession）是现代社会的重要现象，它脱胎于中世纪的行会，与高深知识、专门技能、资格认定相关，有自己的伦理道德、职业文化，是知识分化和急剧增长时代人类智能的一种组织模式。著名历史学家哈罗德·柏金甚至认为这是继农业革命、工业革命之后的人类历史上的第三次革命，正是专门职业的分工使得知识生产力被大大解放（Perkin，1996）[xi]。从这个意义上讲，注重职业道德、形成职业精神是现代人职业发展的重要方面，也是社会有序运行的重要保障。

其设计理念的另外一个特点是整合性，它将博士生成长的各方面视为一个有机体，兼顾学术能力、职业技能、伦理道德、身心健康等。CAFFE 项目

（Center for Academic and Future Faculty Excellence）更加明确地表达了这种整合的理念，见图 8-2（Center for Academic and Future Faculty Excellence，2012）。

事实上，这种整合的理念也符合美国高校学生管理的发展趋势。美国高校面向学生的教育和服务一般分为学术事务和学生事务两套系统。近年来学者呼吁要以学生为中心，弥合学术事务与学生事务的人为区隔，将学习（Learning）和发展（Development）结合起来，使整个学校的资源协同配置为学生培养服务。（Keeling，2004）

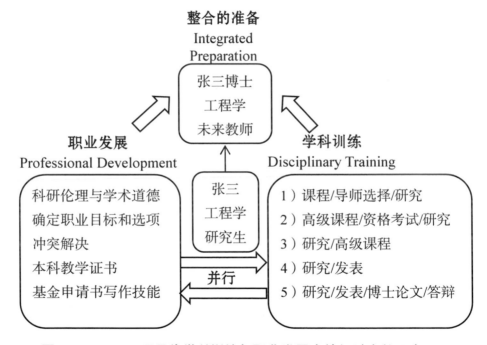

图 8-2　CAFFE 项目将学科训练与职业发展支持相融合的理念

资料来源：Graduate School, Michigan University, http://grad.msu.edu/

对于博士生来说，由于学习方式与本科生大有区别，不再是集体上课为主，而是个人研究为主，在整个学习科研过程中与学术共同体密切互动，因此个人的主观能动性发挥更加核心的作用，学术成长与个人成长、身心健康密切相关；同时，博士生教育作为终结性的教育直接面临毕业后的就业和职业发展问题，其学术探究、个人成长又离不开职业发展的主线。因此，资源和服务的整合性在研究生尤其是博士生阶段尤显重要。

从内容与资源来看，美国高校为学生提供的常规职业发展服务通常包括组织招聘会、学生推介、生涯规划咨询、匹配校友导师、提供职业倾向与能力测评、简历写作培训、模拟面试等。而 PREP 等整合性项目在这些常规服务之外，提供了涵盖从入学到毕业全过程的许多增值服务和优质资源。下文将分为四个方面加以介绍。

（1）网络信息资源

上文谈到 PREP 项目中研究生的四大任务是制定计划、灵活适应、主动参与以及形成职业精神。从具体内容来看，PREP 项目根据读研的早、中、晚期三个阶段为学生提供有针对性的信息、资源和服务。表 8-5 是 2010-11 学年该项目的内容主题。

表 8-5　2010-11 学年 PREP 项目内容主题

	制定计划 Planning	灵活适应 Resilience	主动参与 Engagement	职业精神 Professionalism
早期	考虑读研（74） 寻求资助（12） 第一年生活面面观（8）	研究生"工具箱"（48） 管理第一年生活（20） 形成支持群体（26）	选择导师（14） 职业人际网络（36）	教学新鲜人（39） 总结第一学年（2）
中期	博士中期的生活（2） 尽早规划你的职业（6） 为资格考试做准备（3）	维护支持群体/8 冲突解决/13	与指导委员会合作（1） 为自己的研究寻求资助（32） 校外的人际网络（12）	进入博士论文研究（12） 发表你的研究（19） 教学档案袋（8）
后期	撰写博士论文（10） 为找工作做准备（20）	完成博士论文（23） 维护支持群体（8）	考虑你的职业道路（15） 学术道路（5） 非学术道路（2）	工作找寻过程（38） 毕业之后（8）

资料来源：Graduate School, Michigan University, http://grad.msu.edu/

每个主题下面都有从网络上整合的优质信息资源，其中包括相关人士撰写的文章、相关机构出台的报告以及网站、信息平台等。根据笔者 2010 年 10

月底搜集的素材，所整合的信息量共达 524 条目，其中每个专题中所包含条目数详见表 7-5。

CAFFE 项目的内容与 PREP 有重合之处，包括四大方面：1）**学术伦理与责任**：负责的研究；同行评议与保密性；学术道德；培育学术网络；2）**理解教师概念与角色**：参与院系治理；确定职业目标；面试准备；3）**人际技能开发**：有效沟通与职业网络；基于利益的冲突解决；谈判；工作找寻；压力管理；MSU 和 MAA（Michigan AGEP Alliance）活动；全纳型班级建设；4）**教师知识与工作技能**：教学与电子档案袋开发；本科教学证书；招聘、终身职与晋升；拓展与参与；职业发展规划。应该说，这些培训内容都十分贴近美国学术职业的现实需求。

（2）讲座与培训

2011-2012 学年 PREP 系列活动包括从 2011 年 8 月底到 2012 年 4 月底的 26 场专题讲座、6 次会议和研讨班，在学年初就已将整个计划公布（The Graduate School of MSU，2011）。同时，行政人员还分类汇总讲座信息及其内容介绍，包括工作找寻、沟通能力、合作能力等专题，便于同学查询和选择。这些讲座和培训的师资既包括本校的教师和管理人员，也有从校外聘请的专家。

学期初的两场讲座为"入学引导：你准备好了吗？一个博士生生涯和职业发展的模型"、"为你的博士生涯导航：你应该熟悉的资源与人员"，由研究生院副院长亲自主持，为初入研究生院的学生提供博士生涯的概观，使学生尽快树立职业意识，了解可用的资源。

其后则围绕教学技能、科研伦理、获得资助、有效沟通与冲突解决、写作技能、时间管理等专题进行细致而深入的培训。比如科研伦理一项就包含主题不同的 8 次讲座，涵盖了诸如版权、引用、数据管理、保护研究对象、动物实验伦理等内容。而有关教学技能的讲座则涉及到班级环境建设、学生评价方法、得体的举止等。冲突解决相关讲座也是密歇根州立大学的重点资源，曾多次在全国性会议上开展经验交流。

会议和研讨班则通常为期一到两天，主题有助教技能、社区学院和本科学院面试与求职技巧、团队合作能力、如何在学术界以外找到工作、通过导师制建立有效的职业关系、本科教学的研究生证书学习班。

（3）指导手册

除了提供网络信息和讲座培训，院校还为学生提供与职业发展有关的小册子，如《成功的 12 大要素》、《生涯通行证》、《博士生职业胜任力关键》等，将一些核心内容以条理化和吸引人的方式呈现给研究生。这些小册子体量十几页到几十页不等，信息丰富，设计精美，官方网站提供免费下载。（Michigan State University，2012a）

事实上，除了这些专题性的小册子之外，每个学位项目按照学校政策都必须提供本专业的《研究生手册》，其中需要详尽地介绍课程和专业要求、选择导师和形成指导委员会的时间表、资格考试和毕业要求、学生政策，研究生院提供了《研究生手册》的模板（The Graduate School of MSU，2012b）。此外，研究生院还提供了网络版的 MSU 生活综合指南，涉及信息与服务、学生权利与责任等方面。这些内容也可以帮助学生了解研究生。生活（Michigan State University，2012b）

（4）定制化的网络服务平台

为使学生更有效地利用 PREP 项目提供的各种资源，密歇根州立大学研究生院又开发了 Career Success 这一平台。该平台可为每个注册用户提供个性化的服务，用户可以创建个性化的职业发展计划，记录自己参与和完成的活动，打印和分享自己感兴趣的活动，保存对自己有益的文章，为找工作创建职业档案袋。（The Graduate School of MSU，2012c）

除了制定计划、安排活动之外，该平台还有两个重要模块：一是可迁移技能自我评估，包括上述提及的六大方面共 37 个问题，在完成测试的同时，用户可以方便地看到与该项技能相关的项目和资源，以及关于如何自评与提高的指南（The Graduate School of MSU，2012d）；二是健康投资，这里的健康是个广义的概念，包括身体的、情绪的、精神的、理智的、职业的、社交的六大方面，将 Wellness 项目和有关学生生活的资源、服务整合起来。（The Graduate School of MSU，2012e）

显然上述的一个完善的研究生职业生涯服务体系的构建不是研究生院一个部门可以完成的，而是与校内多个部门乃至校外机构通力合作的结果。事实上，整个 MSU 研究生院也只有 25 名管理者和员工，其中 13 人为全职员工，7 位院长、副院长均有研究生院以外的工作职责。

传统上，学术型研究生尤其是博士生主要归各院系管理，招生、资助、课程、资格考试、指导、研究、论文撰写及答辩等各个环节以博士学位项目为中心自主开展。研究生院对于招生规模、奖学金分配、培养方案、答辩委员会的确定等学术事务并无决策权力，只是在学籍和学生资助管理、住宿与学生生活服务、毕业与学位发放等行政性事务方面发挥功能。

随着研究生教育规模的扩大和学生事务的职能分化，院校一层出现了许多为学生服务的机构，同时校外又有各大科研资助机构（如 NSF、NIH）以及关注高等教育的基金会提供专项资金。因此，密歇根州立大学研究生职业发展服务的开展涉及到了与校内外多个组织或项目的合作。

在研究生院协会第 50 届年会的报告中，PREP 项目负责人指出牵涉到PREP 中的组织和项目有 28 个之多，它们之间形成了极其复杂的网络结构，有大量的信息流动、人员重叠和协调合作。以研究生院为中心来看，它需要向 9 个组织和项目提供信息，即向外沟通，同时又接收来自 11 个组织和项目的信息。以 PREP 项目中可迁移技能的培养为例，不同的环节、不同的技能都涉及到不同部门的合作，见表 8-6。（Stoddart，2010）

表 8-6　PREP 职业主题-可迁移技能-如何联系合作伙伴

主题	可迁移技能	相关活动	合作伙伴
制定计划	沟通技能；工作找寻策略	如何写简历；在本科院校找工作；寻找学术岗位	职业发展办公室；AGEP 基金；研究生院；当地的大学和学院；NSF 院校整合创新基金（I³）
灵活适应	平衡和灵活适应	PhD 导航；冲突管理；健康项目；压力管理	写作中心；Olin 健康中心；心理咨询中心；员工支持项目
主动参与	合作能力；领导力	PhD 人际网络；FAST 项目；CASTL 项目；研究生会	NSF CIRTL；CGS 完成博士学位项目；研究生会；研究生院
职业精神	研究能力、学术能力、创新能力；研究伦理与诚信	负责任的科研行为；本科教学资格证书；从研究生到从业者；相关工作坊	科研与研究生学习副校长；教师发展办公室；CGS 负责任的科研行为基金；大学教学资格证书颁发部门；研究生院

资料来源：Graduate School, Michigan University, http://grad.msu.edu/

总结密歇根州立大学的案例，有这样几个特征：

（1）**学生主体性**：如果说研究生院中分化的系科是以知识发展为导向的，那么本文所呈现的整合性行政服务则是以人的发展为导向的。教师和学生共同奉献于对真理的追求的德国式学术理想，不得不面对现实：博士教育目标、学生职业志向和就业市场现实三者间的不匹配。密歇根州立大学研究生院作为行政力量的整合者，选择了尊重市场的人才需求，以学生的职业发展为导向，一切资源服务于学生的发展。

（2）**服务专业化**：美国是于 20 世纪初最早开展职业辅导的国家，曾有多部关于职业生涯教育的法案出台。流动性是现代多元社会的重要特征，在美国这样一个强调个人奋斗的国家里，个体通过学业和职业实现社会流动的机会很多，因此生涯规划尤显重要。早在 20 世纪 20 年代，大学里就已经有了开展生涯辅导的专职人员，这也造就了一支专业化的队伍。事实上，高校行政服务的专业化体现在方方面面，在本案例中，大到项目规划，小到宣传册设计，都体现了行政力量的高素质、专业化。

（3）**组织整合性**：分工和专业化可能带来的负面结果之一就是人员、信息和资源的区隔以及由此带来的低效率。但从密歇根州立大学的情况看，他们是相当注意部门间整合的，PREP 项目代表特别强调了众多的"合作伙伴"。因此，他们实现整合的方式不是再设置一个官僚层级，而是将不同的组织主体视为"合作者"，彼此支持和参与对方的活动，形成一个扁平但复杂的组织/项目"生态网络"。

（4）**资源丰富性**：资源的丰富性，不仅体现在外部组织为高校提供了大量资金充裕的项目，也体现在相关知识资源的有效积累上。围绕冲突解决、科研伦理等话题，密歇根州立大学开发了丰富的培训资源，也充分吸纳和利用了外部的信息资源，乃至在全国产生影响。

8.3　小　结

要使得博士生的学术品性得到良好的发展，需要在教育系统层面和培养单位层面为学术品性的养成与发展留出空间，积极创设环境条件，提供有效支持。

教育系统层面，首先是研究生教育结构的合理安排，使得博士生教育吸引到真正对学术有兴趣的人才，并为他们安心治学提供基本保障；其次是学术评价体系应该注重质量，对博士生应当以学者评价为主，数量考核为辅，新教员的招聘应该有健康的导向，避免博士生过分注重发表数量而牺牲学术乐趣和自由探究的空间。

培养单位层面，首先是应当以优秀的师资和精细的培养使得博士生的学术能力得到发展，顺利完成学业，在此基础上，才谈得上进一步培养超越型的学术品性等；其次是行政支持系统应当为博士生的就业作出引导和扶持，帮助他们保持学术兴趣和学术追求，更加顺利地走上学术道路。

总之，支持性环境应该选择合适的人，提供必要的资源，加以良好的培养，予以合理的评价，进行全方位的支持，在基本需求得到满足，基本能力得到培养的情况下，高层次的学术品性才会有更大的生长空间，否则这些学术品性会被现实挤压，难以得到充分发展。

第 9 章 结 论

9.1 结论与建议

本研究主要得出以下结论：

第一，我们用以表达学术品性的语言及其所指向的人的存在状态是历史地形成的。学术品性的根甚在于求真，这在古希腊时期哲学家关于知识与意见的区别中得到了鲜明的表达。那时的哲学家是城邦中爱智慧的自由人，他们追求的是形而上的、自为目的的真理，学术品性表现为闲逸的好奇、知识的渴求、沉思的幸福。中世纪欧洲的学者作为教士阶层的后备队伍，将真理的获得视为来自上帝的启示与恩宠，因此学术品性的要义在于虔诚、道德与服从。19 世纪的新教德国经过宗教革命、人文主义和启蒙运动的洗礼，在大学改革中提升了哲学院的地位，学者也成为社会流动的重要鹄的，学者们成为突出重围的学术英雄，致力于开创自己的整全的哲学体系，追求原创、自由、纯粹和卡里斯玛式的天纵之才。20 世纪美国学术职业化逐渐确立并且随着高等教育的发展学术职业内部也日趋复杂分化，学者成为学术职业的从业者，在自由探究和传播真理与体制化生存压力间确立自我身份，20 世纪大学、政府、企业与社会关系的演变使得基础科学和应用科学的边界日渐模糊，但服务真理、学术自由、理智诚实和追求卓越依然是整个学术职业的共同核心价值。

第二，中美受访者的自我叙事中流露的学术品性确实表现出一些差异。具体体现在：在读博选择上，美国受访者较多强调本科阶段乃至之前就形成的明确的学术兴趣，而中国受访者多出于机会获取的权衡，较少将学术兴趣作为明确的决策因素提出；在读博经历上，双方都强调主动性，都享有自由度，但美国博士生更多谈到独立思考、自由探究，乐于进行学术交流；中国博士生更多谈到论文发表，追求卓越，并在学术的成功中逐渐养成兴趣；在对未来的职业期待上，美国博士生对报酬偏低和就业紧张有充分预期从而比较坦然，更强调学术职业带来的意义感、满足感、幸福感等内在感受，而中国博士生处在急剧变化的时代面临一系列结构性压力因而表现出更多的不确定感和焦虑感，更关注论文发表等在学术体系中站稳脚跟和取得进步的外部要求。

第三，学术品性可区分为生存型、成就型、超越型三个层次。生存型包括主动性、基本学术道德等；成就型包括注重发表、追求卓越、追求原创等；超越型包括学术兴趣、自由探究、追求真理、注重幸福感和责任感等。生存型学术品性是在现代学术职业中作为一位以学术谋生的学者得以立足的基本要求；成就型品性源于德国研究型大学形成时期，体现出一种对外在的学术声望和内在的学术才华的追求；而超越型学术品性源于古希腊时期哲学家的学术精神，是人类求知活动延续两千年的价值导向。以学术为志业，需要学者在生存型和成就型学术品性的基础上，使超越型学术品性得到发展，从而获得更完满的学者认同，传承学术精神。

第四，从杜威的教育哲学审视学术品性，它是作为人的一种整体、动态、具体、身体化的存在，与习惯、知识、能力、态度并非各自不同的事物，实则是一个整体事物的不同面相；而学术品性的养成则是在共同活动的经验之中人与其相关环境（特别是学术共同体这一社会环境）互动，从而熟练运用特定心智工具、形成特定回应模式的过程。因此，学术品性的养成要求教育者和受教育者对经验品质与环境创设的理论自觉，努力去创设和改造环境达成既定教育目的。

第五，高层次学术品性的形成需要良好的支持环境。首先，研究生教育结构安排应对学术兴趣应加以区别和保护，吸引和选拔合适的人走上学术道路；其次，博士生评价机制应适当调整，使学术上的生存压力和成就压力保持在适度水平，为超越型品性留出空间；再次，院校应提供高质量的学术培养和行政支持，使博士生学术能力有效发展，顺利完成学业，攀登学术高峰，体味学术乐趣。

根据以上研究结论，我们可以尝试性地提出以下建议：

第一，中国的研究型大学在本科阶段应重视学生兴趣的探索，提高转换专业或跨系选课的灵活性，加强对本科生参与研究的指导，帮助有学术潜质的学生尽早发现自己的兴趣。应把以学术为业看成一个长期的过程，将学者的培养视为一个系统的工程。在本科教育阶段，即应注重发掘有特殊兴趣和潜力的人才，但不应单纯以分数择优的方式赋予某些群体以特殊的资源或机会，而是在本科阶段鼓励学生探索和发现自己的兴趣，使学习的功利性目的减少一些，本真性乐趣增加一些。学校应该鼓励和帮助学生尽早地认识自己的兴趣志向，使之在做出读博选择时更多地依据个人明确的学术兴趣以及对学术生活充分了解和认同，而非简单地追求一个更高学位。

第二，学术型博士生的选拔应注重学术兴趣，考虑学术品性。在选拔学术人才时，应以学术品性综合考量。以多样的方式，考察过往的学术经历、展现的学术能力、未来的学术规划与学术追求等。由于博士生培养只是学者养成的早期阶段，一个优秀学者的成长需要学术职业生涯中的长期努力，因此，为使得学术人才有发展后劲，在选拔和培养阶段不应该忽视"学术品性"尤其是"超越型学术品性"。

第三，加强博士低年级阶段学术能力和学术兴趣的培养。结合中国博士生入学前较少有明确而强烈的学术兴趣，通常是在入学后因学术发展比较顺利而逐步培养起学术兴趣这一特点，应该特别注重博士阶段早期对博士生的精细化培养。如通过引进国内外特聘教授、开展深入的学术交流、进行为期一学年的科研技能训练、学术写作研讨课等，帮助博士生进入学术状态，取得学术成果，及时对其进步和潜质予以肯定，使其逐渐体会到学术的乐趣，而不因最初的挫折导致学术兴趣培养不起来甚至原有的兴趣也日趋消退。

第四，博士阶段中后期完善学术职业发展服务。在博士中后期，往往是博士生选择职业方向的时期，这个时候他们会由于信息不完善而面对一系列的不确定性、焦虑感，院校可安排适合于学术人才的职业发展服务使得那些有潜质的博士生不在中途放弃学术道路。如通过教学实习、博士论文报告等模式，加强研究型大学博士生对其他层次高校的了解，通过提供更充分的信息，破除"留校情结"、"留京情结"，鼓励博士生到二三线城市大学就业并为校友的学术发展提供持续的帮助。

9.2 贡献与不足

本研究提出学术品性这一核心概念并开展了初步的跨文化比较研究，对中美博士生进行对比访谈，搜集了一手资料，使我们在对比中更加清晰地看到了我国学术人才培养中的一些突出特征，也在此基础上提出了一个简明但有一定解释力的框架，即学术品性可以分为生存型、成就型、超越型三个层次来看待。通常我们国内学者所呼吁的"自由"、"独立"、"纯粹"、"淡泊名利、甘于寂寞"等学术品性都属于超越型的，而国内博士生的问题恰恰在于学术品性主要停留在生存型和成就型上，而较少表现出超越型的学术品性。继而对学术品性的存在形态和养成机制进行了基于杜威教育哲学的理论分析，并提供了美国大学为学者养成创设支持性环境的若干具体案例。

本研究还有许多可完善之处，未来若对这一话题进行更深入的研究，可以考虑以下几个方面的改进：

第一，当前的分析明显偏重于西方学术传统中的学者品性，囿于个人学养之不足，对中国传统学者品性的梳理和挖掘付之阙如。事实上，中国历史上当有许多宝贵经验和思想传统可进入研究。学无止境，未来期待在这方面开展更多的学习。

第二，进一步开展质性研究，通过更加精细的实证研究，拓展"学术品性"概念的外延，以及对其养成机制的动态描述。本研究是从 24 位博士（生）关于自身学术经历的叙事中分析中美差异，后期研究可以在本研究的基础上，进一步搜集相关文献，做更细致的概念分析，并在前期结论的基础上设计更加有的放矢的访谈提纲以获取更丰富的实证资料，通过理论分析与数据搜集的循环，使"学术品性"这一概念不断地精细化，在知识、能力、态度、行为等不同维度上，在生存型、成就型、超越型等不同层次上，在不同学科的知识生产模式与学科文化背景下，开展更加细致的描述和深入的分析。

第三，研究对象的年龄阶段可向前和向后延伸，将博士生阶段视为学者养成过程中的一个有机环节，开展对博士阶段之前和之后的系统研究，并特别注重教育体制和学术体制对学术品性和学者养成的影响。既然本真兴趣、享受学术看起来是中国博士生最缺的一面，后续研究必须向前延伸至大学本科阶段乃至基础教育阶段，了解到底什么样的教育环境与什么样特质的学生碰撞在一起能够孕育强烈而持久的学术兴趣？又或者，在哪些情况下，已经燃起的学术兴趣的火苗又会渐渐熄灭？我们必须在基础教育和本科教育阶段解决这一问题，留待博士阶段再去培养学术兴趣只是一种补救措施而已。同时，博士阶段之后的五年事实上是学术发展的黄金时期。这一阶段，也是从学生到学者角色转换的时期，因而研究新入职学者的学术品性也是"学者养成"研究的关键一环。

第四，对博士生培养的几个关键环节（研讨课、组会/读书会、选题、论文发表、博士论义撰写）进行深入研究，以更加细化学术品性与学术经历的互动关系，以及学术品性在博士生阶段的形塑机制。通过对不同学科博士（生）的访谈，笔者认为以课程和教学的观点来看博士生培养过程，其中尤为值得关注的几个关键环节分别是作为正式课程一部分的研讨课、作为非正式课程的组会/读书会、对后期学术发展有决定性影响的选题、学术职业化的重要途径论文发表（及其所包含的研究训练过程），以及博士阶段最核心的任务博士论文撰写。这些环节在不同学科的表现和意义是不同的。如博士论文在理工科可能是若干发表论文的连缀而仅在最后几个月内完成，而在人文学科则可能是作为专著式的系统化研究需要几年的努力。我们需要在注意到学科差异的基础上，更加细致地研究每个关键培养环节中学术品性的养成机制。

总而言之，学术品性的内涵外延、在不同群体中的表现差异及其解释，以及学术品性的形成机制等都值得进一步挖掘和研究，以便为我们更好地选拔和培养未来学者提供指导。

参考文献

1. Goldsmith J. A., Komlos J., Gold P. S.著. 芝加哥学术生涯规划：从研究生到终身教授. 吴波，叶丽芳，梁辰译. 北京:高等教育出版社，2012。

2. 阿奎那. 神学大全 第一册：论天主一体二位. 台湾：中华明道会/碧岳学社联合出版. 2008。

3. 爱因斯坦. 探索的动机, 爱因斯坦文集（第一卷）. 许良英，范岱年，译. 北京：商务印书馆，1976。

4. 鲍尔生. 德国教育史. 滕大春,滕大生,译. 北京:人民教育出版社,1986。

5. 包尔生. 德国大学与大学学习. 张弛 等译. 北京:人民教育出版社. 2009。

6. 贝尔纳. 科学的社会功能. 陈体芳，译. 北京：商务印书馆，1982。

7. 贝拉 等. 心灵的习性：美国人生活中的个人主义和公共责任. 翟宏彪等，译.北京：三联书店，1991:95-96。

8. 本内特，J. M.，霍利斯特,C. W. 著. 欧洲中世纪史（第 10 版）. 杨宁，李韵 译，上海：上海社会科学院出版社，2007。

9. 边国英.社会科学博士生学术研究体验：隐喻的方法.现代大学教育.2010，3:28-33。

10. 伯格，卢克曼. 现实的社会建构. 汪涌，译. 北京：北京大学出版社，2009。

11. 柏拉图. 柏拉图的《会饮》. 刘小枫，译. 北京：华夏出版社，2003。

12. 柏拉图. 柏拉图对话六种. 张师竹，张东荪 译. 上海：华东师范大学出版社. 2011。

13. 蔡学军，范巍 等. 中国博士发展状况. 北京：北京大学出版社，2011。

14. 陈洪捷 等. 博士质量：概念、评价与趋势. 北京：北京大学出版社，2010。

15. 陈洪捷. 德国古典大学观及其对中国大学的影响. 北京：北京大学出版社，2006。

16. 陈洪捷，沈文钦. 学术评价：超越量化模式. 光明日报. 2012.12.18(15)。

17. 陈向明. 质的研究方法与社会科学研究. 北京：教育科学出版社，2006。

18. 德洛尔. 教育——财富蕴藏其中. 联合国教科文组织总部中文科，译. 北京：教育科学出版社，2001。

19. 杜威 著.杜威全集·中期著作第九卷（1916），俞吾金，孔慧 译. 上海：华东师范大学出版社，2012。

20. 杜威著.民主与教育. 薛绚 译.南京：译林出版社，2014。

21. 范广恩. "举贤避亲"博采众长——由哈佛不留本校生任教想到的. 中国高等教育，1997, 10:40。

22. 教育部. 关于印发《关于新时期加强高等学校教师队伍建设的意见》的通知. 中华人民共和国教育部，1999。

23. 康德. 论教育学. 赵鹏，何兆武，译. 上海：上海人民出版社，2005。

24. 克拉克. 探究的场所——现代大学的科研和研究生教育. 王承绪，译. 杭州：浙江教育出版社，2001。

25. 柯林斯. 哲学的社会学. 吴琼，齐鹏，李志红，译. 北京：新华出版社，2004。

26. 李醒民. 科学的文化意蕴——科学文化讲座. 北京：高等教育出版社，2007。

27. 李醒民. 学术断然拒绝平庸. 自然辩证法通讯. 2010, 4:105-106。

28. 李阳琇，刘洁. 美国大学后终身制评估模式及影响因素探析. 复旦教育论坛，2007, 3:63-75。

29. 吕埃格. 欧洲大学史（第一卷）：中世纪大学. 张斌贤，译. 保定：河北大学出版社，2008a。

30. 吕埃格. 欧洲大学史（第二卷）：近代早期的欧洲大学. 贺国庆 等，译. 保定：河北大学出版社，2008b。

31. 马莉. 从"学缘结构"看高校人才流动. 中南民族学院学报（人文社会科学版），2001, 2:124-125。

32. 马斯洛. 马斯洛说完美人格. 高适，译. 武汉:华中科技大学出版社,2012。

33. 默顿. 科学社会学. 北京：商务印书馆，2003。

34. 沈文钦. 何谓"为学术而学术"——纯学术观的类型学考察. 北京大学教育评论，2007, 1:66-80。

35. 沈文钦，赵世奎，蔺亚琼. 美国博士生流失率与淘汰制度分析. 研究生教育研究. 2011.6。

36. 沈文钦，赵世奎. 美国第一级职业学位(FPD)制度分析. 教育学术月刊，2011, 7。

37. 石中英. 知识转型与教育改革. 北京：教育科学出版社，2001。

38. 史密斯. 理工科学生科研指南. 刘世风，戴猛强，译. 北京：科学出版社，2010。

39. 韦伯. 学术与政治——韦伯的两篇演说. 冯克利，译. 北京：三联书店，1998。

40. 韦伯. 新教伦理与资本主义精神. 康乐，简惠美，译. 桂林：广西师范大学出版社，2007。

41. 吴福儿. 地方高校师资队伍建设战略研究. 高等农业教育，2006, 12:44-46。

42. 希尔斯. 学术的秩序——当代大学论文集. 李家永，译. 北京：商务印书馆，2007:10。

43. 希尔斯. 教师的道与德. 徐竳 等，译. 北京：北京大学出版社，2010。

44. 王东芳. 学科文化视角中的博士生培养——以美国 R 大学为案例. 北京大学博士论文. 2012。

45. 亚里士多德. 形而上学. 苗力田，译. 北京：中国人民大学出版社，2003a。

46. 亚里士多德. 尼各马可伦理学. 廖申白，译. 北京：商务印书馆，2003b。

47. 亚里士多德. 政治学. 高书文，译. 北京：中国社会科学出版社，2009。

48. 雅斯贝尔斯. 什么是教育. 邹进，译. 北京：三联书店，1991。

49. 阎光才. 高校学术"近亲繁殖"及其效应的分析和探讨. 复旦教育论坛，2009, 4:31-38。

50. 杨念群. 学术志业如何汇成一条生命体验之流//杨念群自选集. 桂林：广西师范大学出版社，2000: 457-478。

51. 张建桥. 美国教师教育之"品性"标准探微. 比较教育研究，2011, 2:36-44。

52. 张巍. 诗歌与哲学的古老纷争——柏拉图"哲学"（philosophia）的思想史研究. 历史研究，2008, 1:141-192。

53. 张意忠. 大学教师的学术品质. 现代教育管理，2010, 7。

54. 周怀峰. 科研项目课题制、学术风气和学术精神.《学术界》(月刊)，2012, 170。

55. 朱忠华, 谢书敏, 王祖勤. 从美国高校师资管理看我国高校师资队伍建设. 同济医科大学学报（社会科学版）, 1989, 1:9-12。

56. 邱兆祥. 学者应有的学术品格. 光明日报, [2005.3.16] 。

57. Antony J S. Reexamining doctoral student socialization and professional development: Moving beyond the congruence and assimilation orientation // Smart J C, Tiemey W G. Higher education: Handbook of theory and research. Springer Netherlands, 2002:349-380.

58. Austin A E, McDaniels M. Preparing the professoriate of the future: Graduate student socialization for faculty roles // Smart J C. Higher education: Handbook of theory and research. Springer Netherlands, 2006:397-456.

59. Ben-David J. Centers of Learning: Britain, France, Germany, United States (Foundations of Higher Education). Transaction Publisher, 1992.

60. Bergman C M. The Outcomes of Doctoral Study in Four Professional Fields. Dissertation of Loyola University of Chicago. Chicago, IL. 2006.

61. Boyer E L. The Scholarship of Teaching from: Scholarship Reconsidered: Priorities of the Professoriate. College Teaching, 1991, 39(1), 11-13.

62. Bragg A K. The Socialization Process in Higher Education. ERIC/Higher Education Research Report No. 7. Washington: American Association for Higher Education, 1976.

63. Brim O G. Socialization through the life cycle. Socialization after childhood: Two essays. New York: Wiley, 1966:1-49.

64. Bullis C, Bach B W. Socialization turning points: An examination of change in organizational identification. Western Journal of Communication (includes Communication Reports), 1989, 53(3), 273-293.

65. Campa H, Stoddart J. Designing and assessing career and professional development programs for Masters and Doctoral students: A case study. Invited Speakers and Co-workshop presenters and facilitators, Council of Graduate Schools 49th Annual Meeting. San Francisco, California. 2009.

66. Cordasco F. The Shaping of American Graduate Education: Daniel Coit Gilman and the Protean Ph. D. Totowa, NJ: Rowman and Littlefield, 1960.

67. Center for Academic and Future Faculty Excellence. Michigan State University, [2012-05-13]. http://caffe.grd.msu.edu/.

68. Clark B R. The Academic Life. Small Worlds, Different Worlds. A Carnegie Foundation Special Report. Princeton University Press, 1987.

69. Clark W. Academic charisma and the origins of the research university. University of Chicago Press, 2006.

70. Deci E L, Koestner R, and Ryan R M. A meta-analytic review of experiments examining the effects of extrinsic rewards on intrinsic motivation. Psychological bulletin, 1999, 125(6):627.

71. Delamont S, Atkinson P, and Parry O. The doctoral experience: Success and failure in graduate school. Psychology Press, 2000.

72. Einstein A. Preface to "Where is Science Going?" by Max Plank. London: Allen & Unwin, 1933:9-14.

73. Evans N J, Forney D S, Guido F M, Patton L D, and Renn K A. Student development in college: Theory, research, and practice. The 2nd edition. Jossey-Bass, 2009.

74. Forest J J. Higher Education in the United States: An encyclopedia. ABC-CLIO, 2002.

75. Feldman K A, Newcomb T M. The impact of college on students. New Brunswick: Transaction Publishers, 1994.

76. Fontana A, Frey J H. The interview: From structured questions to negotiated text. // The Handbook of Qualitative Research (2nd Edition). Sage Publications, 2000:645-672.

77. Gabriel A L. The ideal master of the mediaeval university. Catholic Historical Review, 1974, 60(1): 1.

78. Gardner S K, Hayes M T, and Neider X N. The dispositions and skills of a Ph. D. in education: Perspectives of faculty and graduate students in one college of education. Innovative Higher Education, 2007, 31(5), 287-299.

79. Gardner S K. The development of doctoral students: Phases of challenge and support (Vol. 34). Jossey-Bass, 2009.

80. Golde C M, Walker G E. Envisioning the future of doctoral education: Preparing stewards of the discipline. San Francisco: Jossey-bass, 2006.

81. Goldin C, Katz L F. The Shaping of Higher Education: The Formative Years in the United States, 1890 to 1940. The Journal of Economic Perspectives, 1999, 13(1):P37-62.

82. Gumport P J. Learning academic labor. Comparative social research, 2001, 19:1-23.

83. Graduate School of Arts and Sciences, Harvard University, Scholarly Pursuits: A Guide to Professional Development During the Graduate Years, 2011(11th edition)

84. Grendler P F. The universities of the Renaissance and Reformation. Renaissance Quarterly, 2004, 57(1): 1-42.

85. Heath D H. Growing Up In College. Liberal Education and Maturity. San Francisco: Jossey-Bass, 1968.

86. Heath R. The reasonable adventurer: a study of the development of thirty-six undergraduates at Princeton (Vol. 15). University of Pittsburgh Press, 1964.

87. Hoberman S. Professional education in the United States: Experiential learning, issues, and prospects. Praeger Publishers, 1994.

88. Katz J, Hartnett R T. Scholars in the Making. The Development of Graduate and Professional Students. 1976.

89. Keeling R P. Learning reconsidered: A campus- wide focus on the student experience. National Association of Student Personnel Administrators, American College Personnel Association, 2004.

90. Lemke R J. Generating Doctoral Degree Candidates at Liberal Arts Colleges. // Ehrenberg R G, Kuh C V. Doctoral education and the faculty of the future. Cornell University Press, 2009.

91. Lindholm J A. Pathways to the professoriate: The role of self, others, and environment in shaping academic career aspirations. The Journal of Higher Education, 2004, 75(6):603-635.

92. McArthur, D. L. Scholarly Capacities, Habits of Mind, and Dispositions: Case Studies of Education Doctoral Students in a Dissertation Proposal Seminar. ProQuest LLC.2011

93. McCaughey R A. Stand, Columbia: a History of Columbia University in the City of New York. New York: Columbia University Press, 2003:180-181.

94. McEwen M K. The nature and uses of theory // Komives S R, Woodard D B. Student services: A handbook for the profession. San Francisco: Jossey-Bass, 2003:153-178.

95. Merton R K. Social theory and social structure. New York: Free Press, 1957.

96. Michigan State University. 12 Essentials for Success. [2012-05-13a]. http://careernetwork.msu.edu/pdf/Competencies.pdf; Career Passport, http://careernetwork.msu.edu/pdf/CareerPassport11-12.pdf; Plan Your Work and Work Your Plan: Essential Career Competencies for PhDs, http://grad.msu.edu/prep/docs/planyourwork.pdf.

97. Michigan State University. Spartan Life Online. [2012-05-13b]. http://splife.studentlife.msu.edu/.

98. NCES. Digest of Education Statistics 2018 Table 315.10 The National Center for Education Statistics, 2018. http://nces.ed.gov/programs/digest/.

99. Noaks L, Wincup E. Criminological research: Understanding qualitative methods. SAGE Publications Limited, 2004.

100. Parsons T, Platt G M. The American University. Cambridge: Harvard University Press, 1973.

101. Pease J. Faculty Influence and Professional Participation of Doctoral Students. Sociological Inquiry, 1967, 37(1):63-70.

102. Perkin H. The Third Revolution: Professional elites in the modern world. London and New York: Routledge, 1996.

103. Pink D. H. Drive: The Surprising Truth About What Motivates Us. Riverhead Books, 2009.

104. Ringer F K. The German Academic Community, 1870-1920. Internationales Archiv für Sozialgeschichte der deutschen Literatur (IASL), 1978, 3(1): 108-129.

105. Rosen B C, Bates A P. The Structure of Socialization In Graduate School. Sociological Inquiry, 1967, 37(1):71-84.

106. Sanford N. Self & society: Social change and individual development. Aldine De Gruyter, 2006.

107. Schuster J H, Finkelstein M J. The American faculty: The restructuring of academic work and careers. The Johns Hopkins University Press, 2006.

108. Staton A Q. Communication and student socialization. Norwood, NJ: Ablex Publishing Corporation, 1990.

109. Stevens-Long J, Barner R. Advanced Avenues in Adult Development and Learning: The Role of Doctoral Study // Hoare C. Handbook of adult development and learning. Oxford University Press, 2006.

110. Stoddart J, Campa H. A career and professional development program for masters and doctoral students: PREP. Proceedings of the 65th Annual Midwestern Association of Graduate Schools, 2009:9-15. http://www.mags-net.org/documents/Proceedings2009.pdf.

111. Stoddart J, Campa H. Designing Effective Career Programs for Graduate Students and Post-docs: A Campus-Wide Approach to Professional Development Invited Speakers and Co-workshop presenters and facilitators, Council of Graduate Schools 50th Annual Meeting. Washington, D.C., 2010.

112. The Graduate School of MSU. 2011-12 Workshop Calendar. [2011-12-18]. http://grad.msu.edu/prep/docs/prepskillsworkshops.pdf.

113. The Graduate School of MSU. [2012-05-13a]. http://grad.msu.edu/prep/.

114. The Graduate School of MSU. The Graduate Handbook Template. [2012-05-13b]. http://grad.msu.edu/handbooktemplate/docs/handbooktemplate.pdf.

115. The Graduate School of MSU. Career Success. [2012-05-13c]. http://grad. vudat.msu.edu/.

116. The Graduate School of MSU. Career Success: Evaluate Your Skills. [2012-05-13d].http://grad.vudat.msu.edu/assessment.

117. The Graduate School of MSU. Career Success: Invest in Wellness. [2012-05-13e]. http://grad.vudat.msu.edu/ wellness

118. The Graduate School of MSU. CAFFE Introducation. [2012-05-13f]. http://grad. msu.edu/caffe/docs/JacksonJan2010.pptx.

119. The Graduate School of MSU. Dean Klomparens CAFFE Intro. [2012-05-13g]. http://grad.msu.edu/caffe/docs/InstituteJan2010.pptx.

120. Tierney W G, Rhoads R A. Faculty socialization as cultural process: A mirror of institutional commitment. School of Education and Human Development, George Washington University, 1994.

121. Tierney W G. Organizational socialization in higher education. Journal of Higher Education, 1997:1-16.

122. Turner R S. University Reformers and Professional Scholarship in Germany, 1760-1806. In Stone, 1974.

123. Van Maanen J E, Schein E H. Toward a theory of organizational socialization. MIT Alfred P. Sloan School of Management, 1977, http://dspace.mit.edu/handle/1721.1/1934.

124. Weidman J C, Twale D J, and Stein E L. Socialization of graduate and professional students in higher education: A perilous passage? San Francisco: Jossey-Bass, 2001.

125. Wright C R. Changes in the Occupational Commitment of Graduate Sociology Students: A Research Note. Sociological Inquiry, 1967,37(1): 55-62.

126. Walker G E, Golde C M, Jones L, Bueschel A C, and Hutchings P. The formation of scholars: Rethinking doctoral education for the twenty-first century (Vol. 11). Jossey-Bass, 2009.

后　记

　　本书是以我的博士论文为基础完成的。我 2013 年从清华大学教育研究院毕业后，进入首都师范大学教育学院工作，主要精力投入到基础教育和教师教育工作中，在转型中摸索着新的学术兴趣，建立新的学术认同，博士论文的研究也未再深入。今得友人推荐，获此出版机会，既是感激又颇为忐忑。

　　当年博士论文的选题、推进、写作过程经历了不少挑战，由于我是由计算机本科转学教育，自身在人文社会科学上学术积淀不足，写作表达能力也捉襟见肘，对教育学术领域中究竟什么是确定的知识又如何获得确定的知识也生出不少困惑，总是处在不断的自我怀疑和自我否定之中，因而博士论文的研究和完成似乎不是一个目标明确、路径清晰、稳步推进的过程，而好像是在捏泥人，开始心中并无一个确定的形象，捏着捏着就成了现在这个样子。虽然我觉得因积淀不足而在学理上扎得不深是研究的主要缺陷，但值得欣慰的是，我的的确确在从事一个有兴趣的、切己的研究，而且在访谈中美博士生的过程中，自己也受到了很大的触动。无论是美国受访者在享受学术乐趣之中体现的学术责任感，还是中国受访者在内外压力之下的不懈坚持、积极进取，都给我留下了深刻印象。如果说本书出版的主要价值，我想就是有更多的人读到他们的故事，或多或少从中得到一些激励或是共鸣吧。

　　正如美国博士生教育中存在较严重的辍学流失问题，中国博士生的隐形流失也是普遍存在的。我亲眼见证过不少博士生遭遇的身心挑战，那种自由探究、追求学术的幸福生活成为一个遥远的理想，学术生活的日常在煎熬中不堪回首，在学术共同体的支持不足、个体化的工作模式占主导的情况下，尤其容易陷入此种困境。他们或许也跟跟跄跄拿到了博士学位，但读博体验本身却可能成为了一种创伤经历。因此，我也期待本书能够使得博士生教育的利益相关者关注到学术品性、学术认同对博士生教育和学者养成的重要性，在教育过程中给博士生更多富有成效的学术能力训练和情感社会支持，使得这一段求知的旅程充满活力、乐趣与成就。

以下为当年写下的后记：

衷心感谢导师袁本涛教授多年来对本人的精心指导，从大三学年末怀着忐忑的心情初次联系袁老师欲到教育所读研，到如今已经承蒙袁老师指导、关心整八年。袁老师为人为学都是我的榜样，尤其是他注意给学生提供自由探索的空间，鼓励学生提出不同的看法，允许学生自主选题。正因如此，我才能够寻找并追随自己真正有兴趣的问题。除了学术上的帮助之外，袁老师对学生的生活、家庭、就业各方面都十分关心，提供了诸多帮助，令人感动。

感谢国家提供公派出国的机会，使我开阔了视野、亲身体验了美国高等教育，感谢我的海外导师曾满超教授提供良好的学习条件和学术指导。感谢清华大学博士科研创新基金的资助和导师多年来的慷慨资助，使我就读期间从未为生活开销担忧。

感谢教育研究院的谢维和、王孙禺、李越、史静寰、李曼丽、叶赋桂、罗燕、王晓阳、林健、李锋亮、钟周、赵琳、文雯等诸位师长的教育。心理系李虹、樊富珉老师的课程及与继续教育学院马永斌老师的合作研究也使我受益匪浅。

感谢教育研究院的诸多同学、朋友，令我在教研院读书的七年十分难忘。硕士阶段，潘一林、李佩泽、黄振中、詹逸思等同学都是志同道合的朋友，毕业后在京的也常常以读书会的形式聚会，交流人生感悟和读书心得。博士阶段，也有诸多学术上的好友，柳亮、陆一、郭芳芳、许甜、石菲、胡欣、孔令昭、王顶明、王传毅等同学都与我经常交流。尤为感激的是多年来一直在学术上帮助我、鼓励我的杨曦师姐，最初主要是她激起了我的学术热情，她对学术的忠诚、投入和做学问的纯粹，以及她开阔的胸襟、乐天的性格和无私助人的精神都使我敬佩。

此外，我还要特别感谢北大教育学院的刘云杉老师、沈文钦老师和蔺亚琼同学，我在北大参加读书会的两年间从他们那里学到很多。北大读书会和陈向明老师领衔的暑期质性研究班上的其他诸位师友我也十分感谢。

感谢国内外所有接受我访谈的人，没有他们的真诚分享就没有这个研究。

感谢我的家人和男友对我深深的爱与包容。

如今，男友已经变成了先生，女儿也已 4 岁，但我敬爱的导师却离开了人世。论文即将出版，却不能亲自送一本给导师了。导师去世前强撑病体依然心系研究生教育研究，谨以此书献给袁老师，并希望自己今后能以更多的作品告慰恩师在天之灵。

附录 1 核心访谈对象

美国 C 大学受访博士（生）

化　名	专　业	受访时年级	访谈地点	访谈时间
Aaron	哲学	博士第四年	C 大学餐厅	2011 年 2 月 2 日
Ron	教育哲学	博士第四年	C 大学某办公室	2011 年 2 月 9 日
Bill	历史	博士第四年	C 大学图书馆	2011 年 2 月 17 日
Mary	经济学	博士第五年	C 大学图书馆	2011 年 1 月 26 日
Issac	教育研究	博士第三年	C 大学某办公室	2011 年 2 月 10 日
林菲	教育研究	博士第四年	C 大学某办公室	2011 年 5 月 20 日
Megan	环境政策	博士第六年	Skype 访谈	2011 年 1 月 28 日
Carl	应用物理	助理教授	C 大学某办公室	2011 年 2 月 8 日
Alston	应用物理	博士第五年	C 大学某办公室	2011 年 2 月 7 日
Brandon	应用数学	博士第五年	C 大学某系馆	2011 年 2 月 11 日
Peter	高能物理	博士第五年	C 大学某实验室	2011 年 2 月 2 日
Amy	数学	博士第五年	C 大学某办公室	2011 年 5 月 24 日

中国 A 和 B 大学受访博士（生）

化　名	专　业	受访时年级	访谈地点	访谈时间
海宁（B）	历史	博后第一年	B 大学某办公室	2012 年 7 月 1 日
林涛（B）	数学	博后第一年	A 大学某系馆	2012 年 6 月 29 日
王阳（A）	教育	博士第四年	A 大学学生宿舍	2012 年 1 月 10 日
尚清（A）	金融	讲师	A 大学某系馆	2012 年 4 月 28 日
杨渊（A）	金融	博士第四年	A 大学某办公室	2012 年 1 月 12 日
刘倩（A）	生物	博士第五年	A 大学某系馆	2012 年 4 月 27 日
李建（A）	电子	博士第五年	A 大学学生宿舍	2012 年 4 月 25 日
刘欣（A）	计算机	博士第四年	A 大学某系馆	2012 年 4 月 6 日
周远（A）	计算机	博士第六年	A 大学某系馆	2012 年 3 月 17 日
冯海（A）	计算机	博士第四年	A 大学某系馆	2012 年 3 月 21 日
李天（A）	计算机	博士第四年	A 大学某餐厅	2012 年 6 月 27 日
宇清（A）	环境工程	博士第五年	A 大学某系馆	2012 年 4 月 14 日

附录 2　访谈提纲

　　由于访谈持续时间较长，访谈过程中自己的想法不断在变，因而，并没有一套完全严格的访谈提纲，而且在美国访谈时，我倾向于先看受访者的个人简历，根据他（她）的经历来设计访谈提纲，因而不同人的访谈提纲会略有差别，加之访谈过程中事实上随时会改变谈话方向或提问路径，可能会两人之间的互动而产生出许多设计时根本想不到的话题，所以真正的访谈记录每一份都是很不同的。这里，只是列出两份参考性的提纲，第一份英文提纲是对 Megan 提问时设计的，第二份是回国后开展访谈时设计的一个参考性提纲。

Thank you, Megan, for devoting your precious time to this interview. I can see you are really distinguished as a doctoral student, with various stunning experiences. This would be like a flash back of the past five years of your life, I hope you enjoy it.

General:

What are the most important things in a Ph.D.'s five to six years of study?

Can you tell me the process of you getting an outside funding? And how that process has prepared you for future work?

If you look back on your life, are there any defining moments that shaped you to who you are?

How would you describe your journey of doctoral study?

What're the most stressful periods of time during your study?

How did you spend your time in different years?

Settings:

You're one of the first six students of this program; you must have witnessed all the progresses it has made, can you talk about some of the most impressive growth of this program from the perspective of a doctoral student? Is there anything that you think should improve in the future for the sake of students?

How do you feel about this program and the academic setting it provides? Is it one of the best? Why?

Can you talk about the collaboration and competition among students? What kind of collaborations have you been involved in? How did that work out? How did you feel about that? Are there certain circumstances that encourage competition among students? Do you have to compete for the best advisors (if there are certain professors viewed as the best)? Or job opportunities?

How is SDDS helpful to students?

Where do you usually spend time studying during the past five years? How do you feel about the learning environment?

Dynamics:

When and how did you get the idea of pursuing a PhD degree? Is there anyone who's particularly inspiring to you? Have you ever regretted that choice?

How much have you enjoyed the process? Why?

What's your career plan for the future? How do you feel about that path you're about to choose?

What kind of a living are you expecting after graduation? How have your expectations for the future affected your behavior during doctoral study?

For you, how is academic work different from other kinds of work? Or are they just the same as long as it makes you a decent living?

What are the advantages and disadvantages pursuing a doctoral degree as a woman?

Are there any occasions that you have doubted yourself along the way? Why?

What about the admission process? Are there any interviews? What was it like?

Besides the academic part of your life, what kind of activities do you engage yourself in on and off campus?

What makes your life worth living?

What makes your life fun living?

Courses:

How do you feel about the quality of the courses? (Class size, pedagogy, lecturing, interaction with professor & TA, team work, assignments, etc.)

How are the courses making a difference in you? What kind of improvement have you made during the first two years of taking courses? Are the courses related and helpful to your research? How?

How did you choose the natural science courses? Who helped you make those decisions?

How much time every week did you have to devote to the courses? How seriously do you take the readings and assignments? Why? Do you care about the grades? Why? What are the consequences of doing well or badly in a course?

What's your favorite course? Why?

What's your least favorite? Why?

Are the most state-of-the-art contents included in the courses?

Exams

Let's talk about the Orals. Do they cause a lot of pressure among students? How have you prepared for the Orals? Have they helped your learning? (e.g. making people more serious about the courses and the prospectus?)

Seminars:

Tell me something about the SD Seminar, how is it typically organized? How many professors would be there? How many students? Who presents?

What do you think of the dynamics of the seminar? How challenging and engaging are they? What about the quality of presentations and critics?

How have you been benefited from them? And in what circumstances would you benefit the most?

Teaching:

Did you enjoy being TA? Was it too tedious and time-consuming? Was if fun? Was it rewarding?

What about instructor? How is that different from being a TA? Is it more rewarding?

What have you learned from those experiences?

Advisement:

When and how did you choose the advisors? How many do you have?

What're the patterns of interaction with your advisor(s)? How is it different concerning primary advisor and advisor?

In which stage of your study, do you have the most frequent communications with your advisor(s)?

Who chose the research problem of you thesis?

Imagine that your primary advisor doesn't support your initial idea of research, what would you do?

During the design and implementation of your research, in what kind of issues do the advisor(s) help you most? If there are conflicts of ideas between you and your advisor(s), what would you do?

Other than advisors, is there anybody else that helps you develop you skills as a researcher?

How has your relationship with your academic advisor evolved over time? How important is his advisement to you as in the process of your study?

Would you discuss non-academic stuff with your advisor(s)? If so, what kind of stuff? If not, why not?

Would the advisor(s) invite students to dinner or other non-academic activities? If so, in what circumstances? Is it common or rare? And what is mostly discussed during that kind of situations?

Research:

When and how did you choose your field of research? What kind of factors have you considered? Is it a hard decision to make? Why? Who helped you make this decision?

I can see that you've been involved in several research opportunities in different organizations and around the world since you're admitted to the program. Is this a unique case or do most of the Ph.D. students in you program do research outside Columbia?

How did you find those opportunities? Who helped? How are these experiences related to your doctoral study? What kind of people do you work with? What have you learned? (for example, coauthoring for IPCC assessment report, research at NASA, Research in Australia, work at Harvard)

Do all the activities worth the time and energy? Why?

Are these experiences a big help with your career? How?

Do you have to inform your advisor or the program before you find such outside research or employment opportunities? Does the program or your advisor(s) fully support you to engage in those activities? Why? Have they worried that this may interfere with your doctoral study in Columbia?

Do you care a lot about publishing papers? Why?

Who and what are most helpful in your growth as an independent researcher?

What're the most exciting moments in your study? And what're the most frustrating moments you've been through?

What do you do research for? (Creating knowledge, improving society, helping the poor, intellectual pleasures, making a living?)

In your case, what is the relationship between your personal life and your life in society?

Do you think you can make a difference to the world? How?

Is there anything important to the quality of your academic life that is not asked here?

博士/博士生访谈提纲

本访谈为围绕"博士生阶段学术成长研究"的开放式访谈，以下提纲仅供参考，您可谈及任何您认为相关的话题。感谢您的参与！访谈内容将严格保密，您的观点如以直接引用方式出现在论文中，将做匿名处理。

一、教育背景与读博选择

请您先谈谈自己的人生轨迹和人生选择，可参考但不限于以下方面：

请您先简单谈谈自己的家庭背景、中小学经历和本科专业选择。

本科时代是如何做出读博决定的？

您是如何选定导师和专业方向的？

您当时的人生期待、职业取向、学术志向是什么？受到哪些人的影响？

当时对博士阶段的期望和规划是什么？

二、读博期间的学术经历

请您梳理一下博士入学以来自己的经历、收获与体悟，可参考但不限于以下方面：

您的博士成长是否有明显的阶段性？不同阶段的主要活动、生活方式、困难挑战和成长收获是什么？您认为读博期间最关健的时期是什么？为什么？

请谈谈您认为影响博士生学术成长的因素有哪些？

请谈谈您的学习经历（课程、学术讲座、学术讨论、国际交流等）

请谈谈您的科研经历（科研项目、博士论文选题与研究、论文发表与学术交流等）

请谈谈您所在的课题组/实验室（学术方向、科研状态、管理模式、学术氛围、学术合作、学术成就等）

请谈谈您与导师的交流（学业规划、人生规划、学术指导、沟通方式、学术合作、重要帮助等）以及您的收获。

请谈谈您与学术上的重要他者的关系，您从他们那里学到的最重要的东西是什么。

三、对学术成长的理解

请以您所在学科专业为背景，谈谈您对博士生阶段学术成长的理解。可参考但不限于以下方面：

> 您怎么看待以下这个概念框架？您最认可哪些方面？还缺少什么？
>
> **学术志向**（学术动力）：学术热情，自觉努力等
>
> **学术境界**（学术素养/学术能力）：知识积累，科研范式，思维方式，科研方法论，学术鉴赏力，科研创造力，学术判断力等
>
> **学术技能**（学术交流）：学术讨论，学术写作，学术演讲，学术交往，学术合作等

以您所接触的博士生来看，学术志向或学术动力的表现以及影响因素有哪些？您个人的学术志向是何时以及如何确立的？

以您所接触过的博士生为例，谈谈不同的学术境界差别何在？

在您所从事的研究方向，科研能力和创新能力意味着什么？

学术交流技能重要吗？您是如何锻炼这些技能的？您对自己这方面的表现满意吗？

四、学术观与教育观

请以您所在院校、学科为背景，谈谈自己的学术观与（博士生）教育观。

可参考但不限于以下方面：

您如何看待您的研究方向的学术价值/意义/功用？

请谈谈您欣赏的治学态度或学术风格。

请谈谈您对学术作为一种职业/谋生方式的看法。

请谈谈您对学术作为一种生活方式的感受。

请谈谈您对学术作为一种智力挑战的理解。

您的学术观在不同时期是否发生过变化？

您认为您所在院系/学科博士生培养的目标应该是什么？

您认为科研课题与博士生培养的关系应当是怎样的？

您认为理想的博士生与导师的关系应该是怎样的？

您认为您所在环境中有哪些不利于博士生学术成长的因素？

如果您有过海外学习经历，请谈谈中外博士生成长环境的异同。